Guttentag'sche Sammlung
von
Text-Ausgaben ohne Anmerkungen mit Sachregister.

# Versicherungsgesetz für Angestellte.

Nach den Beschlüssen des Reichstags in dritter Beratung.

Text-Ausgabe mit Sachregister.

Berlin 1911.
J. Guttentag, Verlagsbuchhandlung,
G. m. b. H.

# Inhaltsverzeichnis.

# Versicherungsgesetz für Angestellte.

Wir Wilhelm, von Gottes Gnaden Deutscher Kaiser, König von Preußen 2c.
verordnen im Namen des Reichs, nach erfolgter Zustimmung des Bundesrats und des Reichstags, was folgt:

## Erster Abschnitt.

# Umfang der Versicherung.

### I. Versicherungspflicht.

**§ 1.** Für den Fall der Berufsunfähigkeit (§ 25) und des Alters sowie zu Gunsten der Hinterbliebenen werden vom vollendeten sechzehnten Lebensjahr an nach den Vorschriften dieses Gesetzes versichert

1. Angestellte in leitender Stellung, wenn diese Beschäftigung ihren Hauptberuf bildet,
2. Betriebsbeamte, Werkmeister und andere Angestellte in einer ähnlich gehobenen oder höheren Stellung ohne Rücksicht auf ihre Vorbildung, Bureauangestellte, soweit sie nicht mit niederen oder lediglich mechanischen Dienstleistungen beschäftigt werden, sämtlich, wenn diese Beschäftigung ihren Hauptberuf bildet,
3. Handlungsgehilfen und Gehilfen in Apotheken,
4. Bühnen- und Orchestermitglieder ohne Rücksicht auf den Kunstwert der Leistungen,
5. Lehrer und Erzieher,

6. aus der Schiffsbesatzung deutscher Seefahrzeuge und aus der Besatzung von Fahrzeugen der Binnenschiffahrt Kapitäne, Offiziere des Decks- und Maschinendienstes, Verwalter und Verwaltungsassistenten sowie die in einer ähnlich gehobenen oder höheren Stellung befindlichen Angestellten ohne Rücksicht auf ihre Vorbildung, sämtlich, wenn diese Beschäftigung ihren Hauptberuf bildet.

Als deutsches Seefahrzeug gilt jedes Fahrzeug, das unter deutscher Flagge fährt und ausschließlich oder vorzugsweise zur Seefahrt benutzt wird.

Voraussetzung der Versicherung ist für alle diese Personen, daß sie nicht berufsunfähig (§ 25) sind, daß sie gegen Entgelt (§ 2) als Angestellte beschäftigt werden, daß ihr Jahresarbeitsverdienst fünftausend Mark nicht übersteigt und daß sie beim Eintritt in die versicherungspflichtige Beschäftigung das Alter von sechzig Jahren noch nicht vollendet haben.

§ 2. Zum Entgelt im Sinne dieses Gesetzes gehören neben Gehalt oder Lohn auch Gewinnanteile, Sach- und andere Bezüge, die der Versicherte, wenn auch nur gewohnheitsmäßig, statt des Gehalts oder Lohnes oder neben ihm von dem Arbeitgeber oder einem Dritten erhält.

Der Wert der Sachbezüge wird nach Ortspreisen berechnet, welche die untere Verwaltungsbehörde festsetzt.

§ 3. Versichert sind auch Deutsche, die bei einer amtlichen Vertretung des Reichs oder eines Bundesstaats im Ausland oder bei deren Leitern oder Mitgliedern beschäftigt sind.

§ 4. Der Bundesrat kann allgemein die Versicherungspflicht auf solche Personen erstrecken, welche eine ähnliche Tätigkeit wie die im § 1 genannten auf eigene Rechnung ausüben, ohne in ihrem Betriebe Angestellte zu beschäftigen.

§ 5. Der Bundesrat kann bestimmen, wieweit die deutschen Bediensteten ausländischer Staaten und solcher Personen, welche nicht der inländischen Gerichtsbarkeit unterstehen, die Pflichten der Arbeitgeber zu erfüllen haben.

§ 6. Die Beschäftigung eines Ehegatten durch den anderen begründet keine Versicherungspflicht.

§ 7. Eine Beschäftigung, für die als Entgelt nur freier Unterhalt gewährt wird, ist versicherungsfrei.

§ 8. Der Bundesrat bestimmt, wieweit vorübergehende Dienstleistungen versicherungsfrei bleiben.

§ 9. Versicherungsfrei sind die in Betrieben oder im Dienste des Reichs, eines Bundesstaats, eines Gemeindeverbandes, einer Gemeinde oder eines Trägers der reichsgesetzlichen Arbeiter- oder Angestelltenversicherung Beschäftigten, wenn ihnen Anwartschaft auf Ruhegeld und Hinterbliebenenrenten im Mindestbetrage nach den Sätzen einer vom Bundesrat festzusetzenden Gehaltsklasse (§ 16) gewährleistet ist; dabei ist das Durchschnittseinkommen der betreffenden Beamtenklassen zu berücksichtigen.

Das Gleiche gilt für die Geistlichen der als öffentlich-rechtliche Korporationen anerkannten Religionsgesellschaften sowie für Lehrer und Erzieher an öffentlichen Schulen oder Anstalten.

Ob eine Anwartschaft als gewährleistet anzusehen ist, entscheidet für die Beschäftigten in Betrieben oder im Dienst des Reichs oder eines vom Reiche beaufsichtigten Trägers der reichsgesetzlichen Arbeiter- oder Angestelltenversicherung der Reichskanzler; im übrigen entscheidet die oberste Verwaltungsbehörde desjenigen Bundesstaats, in dessen Betrieben oder Dienst die Beschäftigung stattfindet oder in dessen Gebiet der Gemeindeverband oder die Gemeinde liegt oder der Träger der reichsgesetzlichen Arbeiterversicherung seinen Sitz hat. In den Fällen des Abs. 2 entscheidet die oberste Verwaltungsbehörde desjenigen Bundesstaats, in dessen Gebiet die Korporation oder die öffentliche Schule oder Anstalt ihren Sitz hat.

**§ 10.** Versicherungsfrei sind

1. Beamte des Reichs, der Bundesstaaten, der Gemeindeverbände und der Gemeinden, Geistliche der als öffentlich-rechtliche Korporationen anerkannten Religionsgesellschaften, Lehrer und Erzieher an öffentlichen Schulen oder Anstalten, solange sie lediglich für ihren Beruf ausgebildet werden, sowie die im Reichs- oder Staatsdienst vorläufig beschäftigten Beamten und vorläufig beschäftigten Geistlichen der als öffentlich-rechtliche Korporationen anerkannten Religionsgesellschaften,
2. Angestellte in Eisenbahn-, Post- und Telegraphenbetrieben des Reichs oder der Bundesstaaten, die Aussicht auf Übernahme in das Beamtenverhältnis und Anwartschaft auf eine ausreichende Invaliden- und Hinterbliebenenfürsorge haben,
3. Personen des Soldatenstandes, die eine der im § 1 bezeichneten Tätigkeiten im Dienste oder während der Vorbereitung zu einer bürgerlichen Beschäftigung ausüben, auf die § 9 anzuwenden ist,
4. Personen, die während der wissenschaftlichen Ausbildung für ihren zukünftigen Beruf gegen Entgelt unterrichten,
5. Ärzte, Zahnärzte und Tierärzte in ihrer beruflichen Tätigkeit.

Ob die Voraussetzungen der Nrn. 1, 2 vorliegen, entscheiden die nach § 9 Abs. 3 zuständigen Stellen.

**§ 11.** Auf seinen Antrag wird von der Versicherungspflicht befreit, wem von dem Reiche, einem Bundesstaat, einem Gemeindeverband, einer Gemeinde oder einem Versicherungsträger der reichsgesetzlichen Arbeiterversicherung, oder

wem auf Grund früherer Beschäftigung als Lehrer oder Erzieher an öffentlichen Schulen oder Anstalten

Ruhegeld, Wartegeld oder ähnliche Bezüge im Mindestbetrage nach den Sätzen der Gehaltsklasse A bewilligt sind und daneben Anwartschaft auf Hinterbliebenenfürsorge (§ 9) gewährleistet ist.

**§ 12.** Über den Antrag entscheidet der für den Wohnsitz des Antragstellers zuständige Rentenausschuß (§ 98). Hat der Antragsteller im Inland keinen Wohnsitz, so entscheidet der Rentenausschuß seines dauernden Aufenthalts. Auf Beschwerde entscheidet das Schiedsgericht (§ 156) endgültig.

Die Befreiung wirkt vom Eingang des Antrags an.

**§ 13.** Der Rentenausschuß widerruft die Befreiung, sobald ihre Voraussetzungen nicht mehr vorliegen. Auf Beschwerde entscheidet das Schiedsgericht endgültig.

Bei Verzicht auf die Befreiung und bei ihrem endgültigen Widerrufe tritt die Versicherungspflicht wieder in Kraft.

**§ 14.** Der Bundesrat kann auf Antrag des Arbeitgebers bestimmen, wieweit die §§ 9, 10 Nr. 1, 2, §§ 11 bis 13 gelten für

1. die in Betrieben oder im Dienste anderer öffentlicher Verbände oder von Körperschaften oder von Eisenbahnen des öffentlichen Verkehrs oder als Lehrer und Erzieher an nicht öffentlichen Schulen oder Anstalten Beschäftigten, wenn ihnen mindestens die im § 9 bezeichneten Anwartschaften gewähr-

leistet sind, oder sie lediglich für ihren Beruf ausgebildet werden,

2. Personen, denen auf Grund früherer Beschäftigung bei solchen Verbänden oder Körperschaften oder Eisenbahnen, Schulen oder Anstalten Ruhegeld, Wartegeld oder ähnliche Bezüge im Mindestbetrage nach den Sätzen der vom Bundesrat festgesetzten Gehaltsklasse (§ 9) bewilligt sind und daneben eine Anwartschaft auf Hinterbliebenenfürsorge (§ 9) gewährleistet ist,

3. Beamte und Bedienstete der landesherrlichen Hof-, Domanial-, Kameral-, Forst- und ähnlichen Verwaltungen, der Herzoglich Braunschweigischen Landschaft, der Fürstlich Hohenzollernschen Fideikommißverwaltung und der standesherrlichen Verwaltungen sowie Angestellte in Betrieben, für die eine besondere Invaliden- und Hinterbliebenenversorgung bereits durch reichs- oder landesrechtliche Vorschriften geregelt ist.

## II. Freiwillige Versicherung.

**§ 15.** Wer aus einer versicherungspflichtigen Beschäftigung ausscheidet und mindestens sechs Beitragsmonate auf Grund der Versicherungspflicht zurückgelegt hat, kann die Versicherung freiwillig fortsetzen. Hat er einhundertzwanzig Beitragsmonate zurückgelegt, so kann er sich die bis dahin erworbene Anwartschaft durch Zahlung einer Anerkennungsgebühr (§ 172 Abs. 2) erhalten.

Unter den gleichen Voraussetzungen kann die Versicherung auch während des Aufenthalts des Versicherten im Ausland freiwillig fortgesetzt oder aufrecht erhalten werden.

## III. Gehaltsklassen.

§ 16. Nach der Höhe des Jahresarbeitsverdienstes werden für die Versicherten folgende Gehaltsklassen gebildet:

| | | | | | | | |
|---|---|---|---|---|---|---|---|
| Klasse | A | . . . . . . . . . . . . . | | bis | zu | 550 | Mark, |
| " | B | von mehr als | 550 | " | " | 850 | " |
| " | C | " " " | 850 | " | " | 1 150 | " |
| " | D | " " " | 1 150 | " | " | 1 500 | " |
| " | E | " " " | 1 500 | " | " | 2 000 | " |
| " | F | " " " | 2 000 | " | " | 2 500 | " |
| " | G | " " " | 2 500 | " | " | 3 000 | " |
| " | H | " " " | 3 000 | " | " | 4 000 | " |
| " | J | " " " | 4 000 | " | " | 5 000 | " . |

§ 17. Soweit das Gehalt in bar, aber nicht jährlich gezahlt wird, gilt als Jahresarbeitsverdienst für die Zugehörigkeit zu den Gehaltsklassen

| | | | | |
|---|---|---|---|---|
| bei | wöchentlicher Zahlung | das | 52 | fache, |
| " | monatlicher " | " | 12 | " |
| " | vierteljährlicher " | " | 4 | " |

des gezahlten Betrags. Bei Berechnung von Gewinnanteilen und ähnlichen Bezügen, die ihrem Betrage nach nicht feststehen, wird der Betrag des letzten Jahres zu Grunde gelegt, für das dem Versicherten die Bezüge zugeflossen sind. Sind ihm bei Fälligkeit des Monatsbeitrags aus der gegenwärtigen versicherungspflichtigen Beschäftigung Bezüge dieser Art noch nicht gezahlt, so gilt für die Berechnung des Jahresarbeitsverdienstes das in bar gewährte Gehalt. Für Sachbezüge wird der nach § 2 Abs. 2 berechnete Wert zu Grunde gelegt.

§ 18. Eine freiwillige Versicherung ist höchstens in derjenigen Gehaltsklasse zulässig, die dem Durchschnitt der letzten sechs Pflichtbeiträge entspricht oder am nächsten kommt.

§ 19. Der Versicherte kann bis zum vollendeten fünfundzwanzigsten Lebensjahre in eine höhere Gehaltsklasse, als der Höhe seines Jahresarbeitsverdienstes entspricht, übertreten.

Ein Versicherter, der in eine versicherungspflichtige Beschäftigung mit geringerem Entgelt, als seiner bisherigen Gehaltsklasse entspricht, eintritt, kann in seiner bisherigen Gehaltsklasse bleiben, falls er mindestens sechs Beitragsmonate in der höheren Gehaltsklasse auf Grund der Versicherungspflicht zurückgelegt hat.

Der Arbeitgeber ist nur dann zum höheren Beitrag verpflichtet, wenn dies vereinbart worden ist.

## Zweiter Abschnitt.

## Gegenstand der Versicherung.

### I. Allgemeines.

§ 20. Gegenstand der Versicherung sind Ruhegeld und Hinterbliebenenrenten.

§ 21. Ruhegeld erhält, wer die Berufsunfähigkeit (§ 25) oder das gesetzliche Alter nachweist, sowie die Wartezeit erfüllt und die Anwartschaft aufrecht erhalten hat.

§ 22. Hinterbliebenenrenten werden gewährt, wenn der Verstorbene zur Zeit seines Todes die Wartezeit für das Ruhegeld erfüllt und die Anwartschaft aufrechterhalten hat.

§ 23. Länger als auf ein Jahr rückwärts, vom Eingang des Antrags gerechnet, werden Ruhegeld und Renten nicht gezahlt.

**§ 24.** Wer sich vorsätzlich berufsunfähig macht, verliert den Anspruch auf das Ruhegeld.

Hat sich der Versicherte die Berufsunfähigkeit beim Begehen einer Handlung, die nach strafgerichtlichem Urteil ein Verbrechen oder vorsätzliches Vergehen ist, zugezogen, so kann das Ruhegeld ganz oder teilweise versagt werden. Die Verletzung bergpolizeilicher Verordnungen oder des § 93 Abs. 2, 3 und der §§ 95 bis 97 der Seemannsordnung gilt nicht als Vergehen im Sinne des vorstehenden Satzes. Das Ruhegeld kann den im Inland wohnenden Angehörigen ganz oder teilweise zugewiesen werden, wenn der Versicherte sie bisher ganz oder überwiegend aus seinem Arbeitsverdienst unterhalten hat. Deutsche Schutzgebiete gelten im Sinne dieser Vorschrift als Inland.

Das Ruhegeld kann auch versagt werden, wenn wegen des Todes, der Abwesenheit oder eines anderen in der Person des Antragstellers liegenden Grundes kein strafgerichtliches Urteil ergeht.

## II. Ruhegeld.

**§ 25.** Ruhegeld erhält derjenige Versicherte, welcher das Alter von fünfundsechzig Jahren vollendet hat oder durch körperliche Gebrechen oder wegen Schwäche seiner körperlichen und geistigen Kräfte zur Ausübung seines Berufs dauernd unfähig ist. Berufsunfähigkeit ist dann anzunehmen, wenn seine Arbeitsfähigkeit auf weniger als die Hälfte derjenigen eines körperlich und geistig gesunden Versicherten von ähnlicher Ausbildung und gleichwertigen Kenntnissen und Fähigkeiten herabgesunken ist.

Ruhegeld erhält auch derjenige Versicherte, welcher nicht dauernd berufsunfähig ist, aber während sechsundzwanzig Wochen ununterbrochen berufsunfähig gewesen ist, für die weitere Dauer der Berufsunfähigkeit (Kranken-Ruhegeld).

**§ 26.** Das Ruhegeld beginnt, unbeschadet des § 23 und des § 25 Abs. 2, mit dem Tage, an dem das Alter von fünfundsechzig Jahren vollendet oder die Berufsunfähigkeit eingetreten ist. Als dieser gilt, wenn sich der Beginn der Berufsunfähigkeit nicht feststellen läßt, der Tag, an dem der Antrag auf Ruhegeld beim Rentenausschuß eingegangen ist.

**§ 27.** Zeiten, während deren Ruhegeld bezogen wird, ohne daß eine nach der reichsgesetzlichen Arbeiterversicherung versicherungspflichtige Beschäftigung ausgeübt wird, gelten als Beitragszeiten für die Erhaltung der Anwartschaft auf die Leistungen der reichsgesetzlichen Arbeiterversicherung.

## III. Hinterbliebenenrenten.

**§ 28.** Witwenrente erhält die Witwe nach dem Tode ihres versicherten Mannes.

**§ 29.** Waisenrente erhalten nach dem Tode des versicherten Vaters seine ehelichen Kinder unter achtzehn Jahren und nach dem Tode einer Versicherten ihre vaterlosen Kinder unter achtzehn Jahren. Als vaterlos gelten auch uneheliche Kinder.

**§ 30.** Nach dem Tode der versicherten Ehefrau eines erwerbsunfähigen Ehemannes, die den Lebensunterhalt ihrer Familie ganz oder überwiegend aus ihrem Arbeitsverdienste bestritten hat, steht den ehelichen Kindern unter achtzehn Jahren Waisenrente zu, ebenso dem Manne Witwerrente, so lange er bedürftig ist.

Für die Waisenrente gilt dies auch, wenn zur Zeit des Todes der Versicherten die Ehe nicht mehr bestand.

**§ 31.** Nach dem Tode einer versicherten Ehefrau, deren Ehemann sich ohne gesetzlichen Grund von der häuslichen Gemeinschaft ferngehalten und seiner väterlichen Unterhaltspflicht entzogen hat, steht den ehelichen Kindern unter achtzehn Jahren Waisenrente zu.

Dies gilt auch, wenn zur Zeit des Todes der Versicherten die Ehe nicht mehr bestand und der Ehemann sich seiner väterlichen Unterhaltspflicht entzogen hat.

**§ 32.** Die Hinterbliebenenrenten beginnen unbeschadet des § 23 mit dem Todestage des Ernährers.

**§ 33.** Die gesetzlichen Leistungen werden auch dann gewährt, wenn der Versicherte verschollen ist. Er gilt als verschollen, wenn während eines Jahres keine glaubhaften Nachrichten von ihm eingegangen sind und die Umstände seinen Tod wahrscheinlich machen.

Der Rentenausschuß kann von den Hinterbliebenen die eidesstattliche Erklärung verlangen, daß sie von dem Leben des Vermißten keine anderen als die angezeigten Nachrichten erhalten haben.

**§ 34.** Den Todestag Verschollener stellt der Rentenausschuß nach billigem Ermessen fest. Für die Hinterbliebenen der auf See Verschollenen beginnt die Rente mit dem Tage des Unterganges des Fahrzeugs, oder wenn es verschollen war, einen halben Monat von dem Tage ab, bis zu dem die letzte Nachricht über das verschollene Fahrzeug reicht.

**§ 35.** Hinterbliebene haben keinen Anspruch auf die Versicherungsleistungen, falls sie den Tod des Versicherten vorsätzlich herbeigeführt haben.

## IV. Heilverfahren.

**§ 36.** Um die infolge einer Erkrankung drohende Berufsunfähigkeit eines Versicherten abzuwenden, kann die

Reichsversicherungsanstalt (§ 96) ein Heilverfahren einleiten, soweit nicht bereits durch einen Träger der reichsgesetzlichen Arbeiterversicherung ein Heilverfahren eingeleitet ist.

Dasselbe gilt, wenn zu erwarten ist, daß ein Heilverfahren den Empfänger eines Ruhegeldes wieder berufsfähig macht.

§ **37.** Die Reichsversicherungsanstalt kann insbesondere den Erkrankten in einem Krankenhaus oder in einer Anstalt für Genesende unterbringen.

Ist er verheiratet und lebt er mit seiner Familie zusammen, oder hat er einen eigenen Haushalt, oder ist er Mitglied des Haushalts seiner Familie, so bedarf es seiner Zustimmung.

Bei einem Minderjährigen genügt seine Zustimmung.

§ **38.** Angehörige des Erkrankten, deren Unterhalt er ganz oder überwiegend aus seinem Arbeitsverdienste bestritten hat, erhalten während des Heilverfahrens (§ 37) ein Hausgeld. Es beträgt täglich mindestens drei Zwanzigstel des zuletzt gezahlten Monatsbeitrags.

Das Hausgeld fällt weg, solange und soweit Lohn oder Gehalt auf Grund eines Rechtsanspruchs gezahlt wird.

Die Zahlung des Ruhegeldes kann für die Dauer des Heilverfahrens ganz oder teilweise eingestellt werden.

§ **39.** Entzieht sich ein Erkrankter ohne gesetzlichen oder sonst triftigen Grund dem Heilverfahren (§ 36) und wäre die Berufsunfähigkeit durch das Heilverfahren voraussichtlich verhütet oder beseitigt worden, so kann das Ruhegeld auf Zeit ganz oder teilweise versagt werden, wenn der Erkrankte auf diese Folge hingewiesen worden ist.

§ **40.** Läßt die Reichsversicherungsanstalt ein Heilverfahren bei einem Erkrankten eintreten, welcher der reichsgesetzlichen Arbeiterversicherung unterliegt, so kann sie die Zahlung des Hausgeldes oder des Ruhegeldes während der Dauer von Barbezügen aus der reichsgesetzlichen Arbeiterversicherung bis zur Höhe dieser Barbezüge einstellen.

**§ 41.** Bei Streit zwischen der Reichsversicherungsanstalt und dem Versicherten aus den Vorschriften der §§ 37 bis 40 entscheidet das Schiedsgericht endgültig.

**§ 42.** Als reichsgesetzliche Arbeiterversicherung gilt auch die Versicherung in knappschaftlichen Krankenkassen und in Ersatzkassen (§§ 495, 503 der Reichsversicherungsordnung).

**§ 43.** Gegen die Träger der reichsgesetzlichen Arbeiterversicherung steht der Reichsversicherungsanstalt ein Ersatzanspruch wegen Einleitung des Heilverfahrens nicht zu.

## V. Sachleistungen.

**§ 44.** Empfänger von Ruhegeld oder Rente können auf ihren Antrag in einem Invaliden- oder Waisenhaus oder einer ähnlichen Anstalt untergebracht werden. Dazu können die Barbezüge ganz oder teilweise verwendet werden.

Invalidenhäuser und ähnliche Anstalten gelten als Kranken-, Bewahr- und Heilanstalten im Sinne des § 11 Abs. 2, § 23 Abs. 2 des Gesetzes über den Unterstützungswohnsitz (Reichs-Gesetzbl. 1908 S. 381).

Die Aufnahme verpflichtet den Bezugsberechtigten auf ein Vierteljahr und, wenn er nicht einen Monat vor Ablauf dieser Zeit widerspricht, jedesmal auf ein weiteres Vierteljahr zum Verzicht auf die Barbezüge, soweit sie zu verwenden sind.

**§ 45.** Trunksüchtigen, die nicht entmündigt sind, können ganz oder teilweise Sachleistungen gewährt werden. Auf

Antrag eines beteiligten Armenverbandes oder der Gemeindebehörde des Wohnorts des Trunksüchtigen muß dies geschehen. Bei Trunksüchtigen, die entmündigt sind, ist die Gewährung der Sachleistungen nur mit Zustimmung des Vormundes zulässig. Auf seinen Antrag muß sie geschehen.

Die Sachleistungen gewährt die Gemeinde des Wohnorts. Der Anspruch auf Barleistungen geht im Werte der Sachbezüge auf die Gemeinde über. Die Sachleistung kann auch durch Aufnahme in eine Trinkerheilanstalt oder mit Zustimmung der Gemeinde durch Vermittlung einer Trinkerfürsorgestelle gewährt werden.

Ein Rest der Barleistungen ist dem Ehegatten des Bezugsberechtigten, seinen Kindern oder seinen Eltern und, falls solche nicht vorhanden sind, der Gemeinde zur Verwendung für ihn zu überweisen.

**§ 46.** Der Rentenausschuß erläßt die Anordnung nach Anhören der Gemeindebehörde und des Bezugsberechtigten und teilt sie ihnen und der Reichsversicherungsanstalt schriftlich mit. Er entscheidet bei Streit zwischen der Gemeinde und dem Bezugsberechtigten. Auf Beschwerde entscheidet das Schiedsgericht endgültig.

Ist der Anspruch auf Barleistungen endgültig auf die Gemeinde übergegangen, so benachrichtigt der Rentenausschuß die Post.

## VI. Besondere Vorschriften für den Aufenthalt im Ausland.

**§ 47.** Geben Berechtigte den inländischen Wohnsitz auf, so können sie mit der Hälfte des Kapitalwerts der ihnen gewährten Bezüge abgefunden werden. Die Tarife zur Berechnung der Abfindung setzt die Reichsversicherungsanstalt mit Genehmigung des Bundesrats fest.

Der Bundesrat kann diese Vorschrift in Grenzgebieten außer Kraft setzen.

## VII. Wartezeit.

**§ 48.** Die Wartezeit dauert

1. beim Ruhegeld für männliche Versicherte einhundertundzwanzig Beitragsmonate, für weibliche Versicherte sechzig Beitragsmonate,
2. bei den Hinterbliebenenrenten einhundertundzwanzig Beitragsmonate.

Sind weniger als sechzig Beitragsmonate auf Grund der Versicherungspflicht nachgewiesen, so beträgt die Wartezeit beim Ruhegeld für weibliche Versicherte neunzig Beitragsmonate, im übrigen einhundertundfünfzig Beitragsmonate.

## VIII. Erlöschen der Anwartschaft.

**§ 49.** Die Anwartschaft erlischt, wenn nach dem Kalenderjahre, in welchem der erste Beitragsmonat zurückgelegt worden ist, innerhalb der zunächst folgenden zehn Kalenderjahre weniger als acht und nach dieser Zeit weniger als vier Beitragsmonate während eines Kalenderjahres zurückgelegt worden sind oder die Zahlung der Anerkennungsgebühr (§ 172 Abs. 2) unterblieben ist.

**§ 50.** Die Anwartschaft lebt wieder auf, wenn der Versicherte innerhalb des dem Kalenderjahr der Fälligkeit der Beiträge oder der Anerkennungsgebühr folgenden Kalenderjahrs die rückständigen Beträge nachzahlt.

Ist eine Anwartschaft während der Wartezeit erloschen, so kann die Reichsversicherungsanstalt auf Antrag die rückständigen Beiträge stunden. Der Antrag muß vor Ablauf der im Abs. 1 bezeichneten Frist gestellt werden. Spätere Pflichtbeiträge können, soweit sie nicht gemäß § 49 erforderlich sind, auf die gestundeten Beiträge angerechnet werden. Durch die Anrechnung lebt die Anwartschaft wieder auf.

### IX. Anrechnungsfähige Zeiten.

**§ 51.** Als Beitragsmonate im Sinne der §§ 15, 49 werden die Kalendermonate angerechnet, in denen der Versicherte

1. zur Erfüllung der Wehrpflicht in Friedens-, Mobilmachungs- oder Kriegszeiten eingezogen gewesen ist,
2. in Mobilmachungs- oder Kriegszeiten freiwillig militärische Dienstleistungen verrichtet hat,
3. wegen einer Krankheit zeitweise arbeitsunfähig und nachweislich verhindert gewesen ist, seine Berufstätigkeit fortzusetzen,
4. zur beruflichen Fortbildung eine staatlich anerkannte Lehranstalt besucht. Die oberste Verwaltungsbehörde bestimmt, welche Lehranstalten als staatlich anerkannte im Sinne dieser Vorschrift gelten.

**§ 52.** Die Genesungszeit wird der Krankheit (§ 51 Nr. 3) gleichgeachtet. Dasselbe gilt für die Dauer von zwei Monaten bei einer Arbeitsunfähigkeit, die durch eine Schwangerschaft oder ein regelmäßig verlaufendes Wochenbett veranlaßt ist.

**§ 53.** Nicht angerechnet wird eine Krankheit, die sich der Versicherte vorsätzlich oder bei Begehung eines durch strafgerichtliches Urteil festgestellten Verbrechens oder durch schuldhafte Beteiligung bei Schlägereien oder Raufhändeln zugezogen hat.

**§ 54.** Geleistete Militärdienste werden durch die Militärpapiere nachgewiesen.

Krankheitszeiten werden durch Bescheinigungen nachgewiesen, die von den von der obersten Verwaltungsbehörde bezeichneten Behörden auszustellen sind.

Für den Besuch einer staatlich anerkannten Lehranstalt dient eine Bescheinigung des Leiters der Anstalt als Nachweis.

## X. Berechnung der Versicherungsleistungen.

### 1. Ruhegeld.

**§ 55.** Das Ruhegeld beträgt nach Ablauf von einhundertundzwanzig Beitragsmonaten ein Viertel der in dieser Zeit entrichteten Beiträge und ein Achtel der übrigen Beiträge.

**§ 56.** Tritt bei weiblichen Versicherten der Versicherungsfall nach Ablauf von sechzig Beitragsmonaten und vor Vollendung von einhundertundzwanzig Beitragsmonaten ein, so beträgt das Ruhegehalt ein Viertel der in den ersten sechzig Beitragsmonaten entrichteten Beiträge.

### 2. Hinterbliebenenrenten.

**§ 57.** Die Witwen- und Witwerrente beträgt zwei Fünftel des Ruhegeldes, das der Ernährer zur Zeit seines Todes bezog oder bei Berufsunfähigkeit bezogen hätte.

Waisen erhalten je ein Fünftel, Doppelwaisen je ein Drittel des Betrags der Witwenrente.

**§ 58.** Witwen-, Witwer- und Waisenrenten dürfen zusammen den Betrag des Ruhegeldes nicht übersteigen, das der Ernährer zur Zeit seines Todes bezog oder bei Berufsunfähigkeit bezogen hätte.

Ergeben die Renten einen höheren Betrag, so werden sie im Verhältnis ihrer Höhe gekürzt.

Beim Ausscheiden eines Hinterbliebenen erhöhen sich die Renten der übrigen bis zum zulässigen Höchstbetrage.

### 3. Abrundung.

**§ 59.** Ruhegeld und Renten werden in Teilbeträgen monatlich, auf volle fünf Pfennig aufgerundet, im voraus gezahlt.

## XI. Erstattung von Beiträgen.

### 1. Bei Todesfällen weiblicher Angestellter.

**§ 60.** Stirbt eine weibliche Versicherte nach Ablauf der Wartezeit von sechzig Beitragsmonaten vor Eintritt in den Genuß eines Ruhegeldes oder einer Leibrente und besteht kein Anspruch auf Hinterbliebenenrenten, so ist auf Verlangen die Hälfte der für die Versicherte bis zu ihrem Tode eingezahlten Beiträge als Abfindung zurückzugewähren.

Anspruchsberechtigt sind nacheinander der Ehegatte, die Kinder, der Vater, die Mutter, die Geschwister, wenn sie mit der Versicherten zur Zeit ihres Todes in häuslicher Gemeinschaft gelebt haben oder von der Versicherten wesentlich aus ihrem Arbeitsverdienst unterhalten worden sind. Der Anspruch verfällt, wenn er nicht innerhalb eines Jahres nach dem Tode der Versicherten geltend gemacht wird.

**§ 61.** Die Reichsversicherungsanstalt kann dem Berechtigten statt der Abfindung eine lebenslängliche Rente gewähren. Den Tarif zur Umwandlung der Abfindung in Rente setzt die Reichsversicherungsanstalt mit Genehmigung des Bundesrats fest.

### 2. Beim Ausscheiden aus der versicherungspflichtigen Beschäftigung.

**§ 62.** Scheidet eine weibliche Versicherte nach Ablauf der Wartezeit für das Ruhegeld infolge Verheiratung aus der versicherungspflichtigen Beschäftigung aus, so steht ihr ein Anspruch auf Erstattung der Hälfte der für sie geleisteten Beiträge zu. Die Erstattung schließt weitere Ansprüche an die Reichsversicherungsanstalt aus.

## XII. Leibrenten.

**§ 63.** Weiblichen Versicherten, die aus einer versicherungspflichtigen Beschäftigung ausscheiden, wird auf Antrag an Stelle der freiwilligen Fortsetzung der Versicherung oder der Aufrechterhaltung der erworbenen Anwartschaft (§ 15) oder der Erstattung von Beiträgen (§ 62) eine Leibrente gewährt, deren Höhe sich nach dem Werte der erworbenen Anwartschaft auf Ruhegeld und nach dem Alter der Antragstellerin richtet und vom Rentenausschuß festgesetzt wird. Auf Antrag der Berechtigten kann die Festsetzung des Beginns und der Höhe der Leibrente für einen späteren Zeitpunkt vorbehalten werden. Die Tarife zur Berechnung des Wertes der Anwartschaft und der Leibrente setzt die Reichsversicherungsanstalt mit Genehmigung des Bundesrats fest.

## XIII. Wegfall der Leistungen.

**§ 64.** Die Witwen- und die Witwerrenten fallen bei der Wiederverheiratung weg. Als Abfindung wird der Witwe das Dreifache ihrer Jahresrente gewährt. Der Anspruch verfällt, wenn er nicht innerhalb eines Jahres nach der Wiederverheiratung geltend gemacht wird.

Die Waisenrenten fallen weg, sobald die Waise das achtzehnte Lebensjahr vollendet oder sich verheiratet.

**§ 65.** Für den Sterbemonat und den Monat, der das Ruhen des Ruhegeldes oder der Rente bringt, werden, vorbehaltlich § 58 Abs. 3, die Beträge voll gezahlt.

Kommen für einen Monatsteil zu dem Ruhegelde des

Versicherten noch die Renten der Hinterbliebenen, so haben sie nur das Ruhegeld zu beanspruchen.

**§ 66.** Ist beim Tode des Empfängers das fällige Ruhegeld oder die fällige Rente noch nicht abgehoben, so sind nacheinander bezugsberechtigt der Ehegatte, die Kinder, der Vater, die Mutter, die Geschwister, wenn sie mit dem Empfänger zur Zeit seines Todes in häuslicher Gemeinschaft gelebt haben oder von ihm wesentlich aus seinem Arbeitsverdienste unterhalten worden sind.

**§ 67.** Stirbt ein Versicherter oder ein zum Bezug einer Witwen- oder Witwerrente Berechtigter, nachdem er seinen Anspruch erhoben hatte, so sind zur Fortsetzung des Verfahrens und zum Bezuge der bis zum Todestage fälligen Beträge nacheinander berechtigt der Ehegatte, die Kinder, der Vater, die Mutter, die Geschwister, wenn sie mit dem Berechtigten zur Zeit seines Todes in häuslicher Gemeinschaft gelebt haben oder von ihm wesentlich aus seinem Arbeitsverdienst unterhalten worden sind.

## XIV. Entziehung der Leistungen.

**§ 68.** Ist der Empfänger eines Ruhegeldes nicht mehr berufsunfähig im Sinne des § 25, so entzieht ihm der Rentenausschuß das Ruhegeld.

**§ 69.** Witwerrenten, die nach § 30 gewährt sind, entzieht der Rentenausschuß, sobald die Bedürftigkeit des Empfängers wegfällt.

**§ 70.** Ein Bescheid, der das Ruhegeld oder die Rente entzieht, wird mit Ablauf des Monats wirksam, in dem er zugestellt worden ist.

**§ 71.** Wird Ruhegeld von neuem bewilligt, so wird die frühere Beitragsleistung dem Versicherten angerechnet.

§ 72. Wird nachgewiesen, daß ein Versicherter, der als verschollen galt, noch lebt, so wird die weitere Zahlung von Hinterbliebenenrente eingestellt. Die Reichsversicherungsanstalt braucht die zu Unrecht gezahlten Beträge nicht zurückzufordern.

## XV. Ruhen der Rente.

§ 73. Ruhegeld ruht neben

1. Renten der reichsgesetzlichen Arbeiterversicherung,
2. Gehalt, Lohn oder sonstigem Einkommen aus gewinnbringender Beschäftigung,

soweit sämtliche Bezüge oder Ruhegeld und einer der Bezüge zu 1 oder 2 zusammen den Jahresarbeitsverdienst übersteigen, der dem Durchschnitt der sechzig höchsten monatlichen Beiträge entspricht. Bei der Berechnung dieses Durchschnitts ist für jeden monatlichen Beitrag das Mittel aus dem höchsten und niedrigsten Jahresarbeitsverdienst der Gehaltsklasse (§ 16) in Anrechnung zu bringen, für welche der Beitrag entrichtet ist. Für die Gehaltsklasse A gilt als Mittel der Betrag von vierhundertundfünfzig Mark.

§ 74. Die Hinterbliebenenrenten ruhen neben Renten der reichsgesetzlichen Arbeiterversicherung, soweit beide zusammen sechs Zehntel des im § 73 festgesetzten Betrages übersteigen.

§ 75. Ruhegeld und Rente ruhen, solange der Berechtigte eine Freiheitsstrafe von mehr als einem Monat verbüßt oder in einem Arbeitshaus oder in einer Besserungsanstalt untergebracht ist.

Hat er im Inland Angehörige, die er ganz oder überwiegend aus seinem Arbeitsverdienst unterhalten hat, so wird ihnen das Ruhegeld überwiesen.

§ 76. Ruhegeld und Rente ruhen, solange sich der Berechtigte ohne Zustimmung des Rentenausschusses gewöhnlich im Ausland aufhält. Im Falle der Weiterzahlung hat er die von der Reichsversicherungsanstalt verlangten ärztlichen Bescheinigungen seiner Berufsunfähigkeit einzureichen. Art und Form der Bescheinigungen bestimmt der Reichskanzler.

§ 77. Der Bundesrat kann das Ruhen von Ruhegeld und Rente für ausländische Grenzgebiete oder für solche auswärtigen Staaten ausschließen, deren Gesetzgebung Deutschen und ihren Hinterbliebenen eine den Vorschriften dieses Gesetzes entsprechende Fürsorge gewährleistet.

§ 78. Deutsche Schutzgebiete gelten im Sinne der §§ 75, 76 als Inland.

## XVI. Besondere Befugnisse der Reichsversicherungsanstalt.

§ 79. Überzeugt sich die Reichsversicherungsanstalt bei erneuter Prüfung, daß die Leistung mit Unrecht abgelehnt, entzogen, wegen Ruhens oder aus sonstigen Gründen eingestellt oder zu niedrig festgestellt worden ist, so kann sie den Rentenausschuß zu einer neuen Feststellung veranlassen.

§ 80. Die Reichsversicherungsanstalt braucht Ruhegeld und Renten nicht zurückzufordern, die sie vor rechtskräftiger Entscheidung nach dem Gesetze zahlen mußte.

## XVII. Verhältnis zu anderen Ansprüchen.

§ 81. Unberührt von diesem Gesetze bleiben die gesetzlichen Pflichten der Gemeinden und Armenverbände zur Unterstützung Hilfsbedürftiger und andere auf Gesetz,

Satzung, Vertrag oder letztwilliger Verfügung beruhende Pflichten zur Fürsorge für die nach diesem Gesetze Versicherten und ihre Hinterbliebenen.

§ 82. Unterstützt eine Gemeinde oder ein Armenverband nach gesetzlicher Pflicht einen Hilfsbedürftigen für eine Zeit, für die er einen Anspruch nach diesem Gesetze hatte oder noch hat, so kann die Gemeinde oder der Armenverband, jedoch nur bis zur Höhe dieses Anspruchs, Ersatz beanspruchen.

§ 83. Der Ersatz von Begräbniskosten, die beim Tode des Versicherten gewährt worden sind, kann, soweit nicht der Träger der reichsgesetzlichen Unfallversicherung oder Krankenversicherung Ersatz zu leisten hat, aus der Kapitalabfindung (§ 60) beansprucht werden; im übrigen darf nur auf Ruhegeld oder Renten zugegriffen werden.

§ 84. Zur Befriedigung des Ersatzanspruchs darf auf rückständige Ruhegeld- und Rentenbeträge bis zu ihrer vollen Höhe, auf andere Rentenbeträge nur bis zu ihrer halben Höhe zugegriffen werden.

§ 85. Der Anspruch auf Ersatz von Unterstützungen ist bei dem für den Wohnsitz des Bezugsberechtigten zuständigen Rentenausschuß anzumelden. Dieser entscheidet vorbehaltlich des § 89.

§ 86. Eine Gemeinde oder ein Armenverband kann auch dann Ersatz beanspruchen, wenn der Hilfsbedürftige, der einen Anspruch auf Ruhegeld oder Rente hat, stirbt, ohne den Anspruch angemeldet zu haben.

§ 87. Auch die Ersatzberechtigten können die Feststellung der Leistungen nach diesem Gesetze betreiben, auch Rechtsmittel einlegen. Der Ablauf der Fristen, die ohne ihr Verschulden verstrichen sind, wirkt nicht gegen sie; dies gilt nicht für Verfahrensfristen, soweit die Ersatzberechtigten das Verfahren selbst betreiben.

§ 88. Der Anspruch auf Ersatz ist ausgeschlossen, wenn er nicht spätestens sechs Monate nach Ablauf der Unterstützung geltend gemacht wird.

§ 89. Streit über Ersatzansprüche aus den §§ 82 bis 88 werden im Verwaltungsstreitverfahren oder, wo ein solches nicht besteht, durch die dem Ersatzberechtigten vorgesetzte Aufsichtsbehörde entschieden. Die Entscheidung der letzteren kann binnen einem Monat nach Zustellung im Wege des Rekurses nach den §§ 20, 21 der Gewerbeordnung angefochten werden.

§ 90. Was in diesem Abschnitt für Gemeinden und Armenverbände vorgeschrieben ist, gilt auch für Betriebsunternehmer und Kassen, die statt solcher Verpflichteten nach gesetzlicher Pflicht Hilfsbedürftige unterstützen.

§ 91. Soweit die nach diesem Gesetze Versicherten oder ihre Hinterbliebenen gesetzlich von Dritten Ersatz eines Schadens beanspruchen können, der ihnen durch Berufsunfähigkeit oder durch den Tod des Ernährers erwachsen ist, geht der Anspruch auf die Reichsversicherungsanstalt bis zum Betrage derjenigen Leistungen über, welche sie infolge des Schadens zu tragen hat.

Hat ein ordentliches Gericht über solche Ansprüche zu erkennen, so ist es an die Entscheidung gebunden, die in einem Verfahren nach diesem Gesetze darüber ergeht, ob und in welchem Umfang die Reichsversicherungsanstalt verpflichtet ist.

## XVIII. Besondere Vorschriften.

§ 92. Leistungen, die nach diesem Gesetze gewährt werden, und die durch den Übergang des Anspruchs darauf ersetzten Unterstützungen sind keine öffentlichen Armenunterstützungen.

**§ 93.** Die Ansprüche des Berechtigten können mit rechtlicher Wirkung übertragen, verpfändet und gepfändet werden nur wegen

1. eines Vorschusses, den der Berechtigte auf seine Ansprüche vor Anweisung der Leistungen vom Arbeitgeber oder von der Reichsversicherungsanstalt erhalten hat,
2. der im § 850 Abs. 4 der Zivilprozeßordnung bezeichneten Forderungen,
3. der Forderungen der nach § 82 ersatzberechtigten Gemeinden und Armenverbände sowie der ersatzberechtigten Arbeitgeber und Versicherungsträger der reichsgesetzlichen Arbeiterversicherung, Knappschaftsvereine und Knappschaftskassen sowie anderer Ersatzkassen (§ 372), die an ihre Stelle getreten sind; die Übertragung, Verpfändung und Pfändung ist nur in Höhe der gesetzlichen Ersatzansprüche zulässig,
4. rückständiger Beiträge, die nicht seit länger als drei Monaten fällig sind.

Ausnahmsweise darf der Berechtigte auch in anderen Fällen den Anspruch mit Genehmigung des Rentenausschusses ganz oder zum Teil auf andere übertragen.

**§ 94.** Die Ruhegeld- und Rentenansprüche dürfen nur aufgerechnet werden auf

Ersatzforderungen für bezogene Unfallrenten und Entschädigungen, soweit der Reichsversicherungsanstalt ein Anspruch darauf nach §§ 91, 95 zusteht,

geschuldete Beiträge,

gezahlte Vorschüsse,

zu Unrecht gezahlte Ruhegeld- und Rentenbeträge,
die zu erstattenden Kosten des Verfahrens (§ 311),
die von den Organen der Reichsversicherungsanstalt verhängten Geldstrafen.

**§ 95.** Sind die Leistungen für eine Zeit gezahlt, für die der Empfänger einen Anspruch auf reichsgesetzliche Unfallrente hat, und hatten Ruhegeld oder Renten nach § 73 zu ruhen, so kann die Reichsversicherungsanstalt durch Kürzung ihrer Leistungen den zu viel gezahlten Betrag in angemessenen Teilbeträgen wieder einziehen.

## Dritter Abschnitt.

# Träger der Versicherung.

### I. Bezeichnung.

**§ 96.** Träger der Versicherung ist, soweit dieses Gesetz nichts anderes bestimmt, die in Berlin zu errichtende Reichsversicherungsanstalt für Angestellte.

### II. Rechtsfähigkeit.

**§ 97.** Die Reichsversicherungsanstalt ist rechtsfähig. Sie ist eine öffentliche Behörde.

### III. Organe.

**§ 98.** Die Organe der Reichsversicherungsanstalt sind
1. das Direktorium,
2. der Verwaltungsrat,
3. die Rentenausschüsse,
4. die Vertrauensmänner.

## 1. Direktorium.

**§ 99.** Das Direktorium vertritt die Reichsversicherungsanstalt gerichtlich und außergerichtlich. Es hat die Stellung eines gesetzlichen Vertreters.

**§ 100.** Das Direktorium besteht aus einem Präsidenten und der erforderlichen Anzahl von beamteten Mitgliedern sowie aus je zwei Vertretern der versicherten Angestellten und ihrer Arbeitgeber (nichtbeamteten Mitgliedern).

Es faßt seine Beschlüsse nach Stimmenmehrheit, soweit dieses Gesetz nichts anderes vorschreibt. Bei der Beschlußfassung scheiden soviel nichtbeamtete Mitglieder aus, daß die beamteten in der Mehrzahl sind. Bis zur Wahl der nichtbeamteten Mitglieder ist das Direktorium auch ohne diese beschlußfähig. Im übrigen wird die Geschäftsführung durch eine Geschäftsordnung geregelt, die der Reichskanzler nach Anhören des Verwaltungsrats erläßt.

Das Direktorium steht unter der Aufsicht des Reichskanzlers.

**§ 101.** Präsident und beamtete Mitglieder des Direktoriums sowie die höheren etatsmäßigen Beamten werden auf den Vorschlag des Bundesrats vom Kaiser auf Lebenszeit ernannt. Soweit die Ernennung von beamteten Mitgliedern und höheren etatsmäßigen Beamten nach Bildung des Verwaltungsrats erfolgt, ist er vorher zu hören.

**§ 102.** Die im § 101 bezeichneten Beamten haben die Rechte und Pflichten der Reichsbeamten.

Ihre Besoldungen, Pensionen und sonstigen Dienstbezüge sowie die Pensionen und Unterstützungen für ihre Hinterbliebenen trägt die Reichsversicherungsanstalt. Der Besoldungs- und Pensionsetat wird für das Direktorium durch den Reichshaushalt, für die übrigen im § 101 bezeichneten Beamten vom Bundesrat auf den Antrag des Reichskanzlers jährlich festgesetzt.

**§ 103.** Die nichtbeamteten Mitglieder des Direktoriums wählt der Verwaltungsrat auf sechs Jahre. Für jedes Mitglied werden mindestens zwei Ersatzmänner gewählt; sie vertreten es, wenn es verhindert ist, und treten, wenn es ausscheidet, für den Rest der Wahlzeit in der Reihenfolge ihrer Wahl ein.

Die Vertreter der Arbeitgeber werden von den Arbeitgebervertretern, die übrigen von den Angestelltenvertretern unter den Mitgliedern des Verwaltungsrats gewählt.

Die §§ 112 bis 114 gelten entsprechend.

Ein Mitglied des Verwaltungsrats, das Mitglied des Direktoriums wird, scheidet aus dem Verwaltungsrat aus.

**§ 104.** Die übrigen Beamten werden vom Direktorium ernannt. § 102 Abs. 2 Satz 1 gilt. Mindestens ein Drittel der Stellen muß mit Militäranwärtern besetzt werden, soweit geeignete Bewerber vorhanden sind.

Das Direktorium erläßt mit Zustimmung des Verwaltungsrats die Dienstordnung für diese Beamten.

**§ 105.** Die Bücher der Reichsversicherungsanstalt sind jährlich abzuschließen; auf Grund der Bücher ist für das abgelaufene Geschäftsjahr ein Rechnungsabschluß und ein die Verhältnisse sowie die Entwickelung der Anstalt darstellender Bericht anzufertigen und dem Reichskanzler mitzuteilen. Der Rechnungsabschluß und der Bericht sind dem Reichstage vorzulegen.

Als Geschäftsjahr gilt das Kalenderjahr.

**§ 106.** Dem Rechnungsabschluß ist in Zeitabschnitten von je fünf Jahren die ordentliche versicherungstechnische Bilanz (§ 173) beizufügen. Alljährlich ist eine überschlägliche

Bilanz aufzustellen. Der Bundesrat erläßt nähere Vorschriften hierüber.

**§ 107.** Die Rechnungen der Reichsversicherungsanstalt über ihre persönlichen und sachlichen Verwaltungskosten werden durch den Rechnungshof des Deutschen Reichs geprüft.

2. Verwaltungsrat.

**§ 108.** Der Verwaltungsrat hat das Direktorium bei Vorbereitung wichtiger Beschlüsse gutachtlich zu beraten. Der Beschlußfassung des Verwaltungsrats bleibt vorbehalten

1. die Festsetzung des Voranschlags, unbeschadet des § 102 Abs. 2 Satz 2,
2. die Abnahme des Rechnungsabschlusses (§ 105) und der Bilanzen (§ 106).

Bis zur Bildung des Verwaltungsrats faßt das Direktorium die jenem vorbehaltenen Beschlüsse.

**§ 109.** Der Verwaltungsrat besteht aus dem Präsidenten des Direktoriums oder seinem Stellvertreter als Vorsitzenden und mindestens je zwölf Vertretern der versicherten Angestellten und ihrer Arbeitgeber. Der Reichskanzler kann die Zahl der Mitglieder nach Bedarf erhöhen.

Die Vertreter der Arbeitgeber werden von den Arbeitgebervertretern unter den Vertrauensmännern, die übrigen von den Angestelltenvertretern unter den Vertrauensmännern gewählt.

**§ 110.** Der Verwaltungsrat faßt seine Beschlüsse nach Stimmenmehrheit. Im übrigen wird die Geschäftsführung durch eine Geschäftsordnung geregelt, die der Reichskanzler nach Anhören des Verwaltungsrats erläßt.

Der Präsident beruft den Verwaltungsrat. Auf Verlangen der Mehrheit des Verwaltungsrats ist dieser zu berufen.

§ 111. Die Wahl findet nach den Grundsätzen der Verhältniswahl statt.

Der Reichskanzler erläßt eine Wahlordnung und leitet die Wahl durch seine Beauftragten.

Für jeden Vertreter werden mindestens zwei Ersatzmänner gewählt; sie ersetzen ihn, wenn er verhindert ist, und treten, wenn er ausscheidet, für den Rest der Wahlzeit n der Reihenfolge ihrer Wahl ein.

Bei Streit über die Wahl entscheidet der Reichskanzler.

§ 112. Wählbar zum Verwaltungsrate sind nur volljährige Deutsche.

Nicht wählbar ist,

1. wer infolge strafgerichtlicher Verurteilung die Fähigkeit zur Bekleidung öffentlicher Ämter verloren hat oder wegen eines Verbrechens oder Vergehens, das den Verlust dieser Fähigkeit zur Folge haben kann, verfolgt wird, falls gegen ihn das Hauptverfahren eröffnet ist,
2. wer infolge gerichtlicher Anordnung in der Verfügung über sein Vermögen beschränkt ist.

§ 113. Wählbar als Vertreter der Arbeitgeber ist, wer regelmäßig mindestens einen versicherten Angestellten beschäftigt.

§ 114. Wählbar als Vertreter der Versicherten sind nur Versicherte, die nicht als Vertreter der Arbeitgeber wählbar sind.

§ 115. Die Wahlzeit dauert sechs Jahre.

Die Gewählten bleiben nach Ablauf dieser Zeit im Amte, bis ihre Nachfolger eintreten.

Wer ausscheidet, kann wiedergewählt werden.

**§ 116.** Ein Arbeitgeber kann die Wahl nur aus einem wichtigen Grunde ablehnen, insbesondere wenn er

1. das sechzigste Lebensjahr vollendet hat,
2. mehr als vier minderjährige eheliche Kinder hat; Kinder, die ein anderer an Kindes Statt angenommen hat, werden dabei nicht gerechnet,
3. durch Krankheit oder Gebrechen verhindert ist, das Amt ordnungsmäßig zu führen,
4. mehr als eine Vormundschaft oder Pflegschaft führt. Die Vormundschaft oder Pflegschaft über mehrere Geschwister gilt nur als eine; zwei Gegenvormundschaften stehen einer Vormundschaft, ein Ehrenamt der Reichsversicherung einer Gegenvormundschaft gleich.

Nach mindestens zweijähriger Amtsführung kann eine Wiederwahl für die nächste Wahlzeit abgelehnt werden.

**§ 117.** Über die Zulässigkeit der Ablehnung entscheidet das Direktorium.

Wer die Wahl ohne zulässigen Grund ablehnt, kann vom Präsidenten des Direktoriums mit Geldstrafe bis zu fünfhundert Mark bestraft werden.

Das Direktorium kann einen Vertreter von seinem Amte entbinden, wenn ein wichtiger Grund vorliegt.

Auf Beschwerde entscheidet der Reichskanzler endgültig.

**§ 118.** Die Mitglieder des Verwaltungsrats und die nichtbeamteten Mitglieder des Direktoriums verwalten ihr Amt unentgeltlich als Ehrenamt. Für ihre Teilnahme an Sitzungen erhalten sie Tagegelder und Vergütung der Reisekosten nach festen, von dem Reichskanzler bestimmten Sätzen.

**§ 119.** Die Vertreter der Versicherten haben ihrem Arbeitgeber jede Einberufung zu den Sitzungen anzuzeigen. Tun sie es rechtzeitig, so gibt das Fernbleiben von der Arbeit dem Arbeitgeber keinen wichtigen Grund, das Arbeitsverhältnis ohne Einhalten einer Kündigungsfrist zu lösen.

**§ 120.** Werden von einem Gewählten Tatsachen bekannt, die seine Wählbarkeit ausschließen, so hat ihn der Verwaltungsrat seines Amtes durch Beschluß zu entheben.

Vor der Beschlußfassung ist ihm Gelegenheit zur Äußerung zu geben.

Gegen den Beschluß ist die Beschwerde bei dem Reichskanzler zulässig.

**§ 121.** Für die nichtbeamteten Mitglieder des Direktoriums gilt § 120 entsprechend.

### 3. Rentenausschüsse.

#### Geschäftsumfang.

**§ 122.** Der Rentenausschuß nimmt die ihm in diesem Gesetz übertragenen Obliegenheiten wahr. Insbesondere liegt ihm ob,

1. Ruhegeld, Rente und Abfindung festzustellen und anzuweisen,
2. Ruhegeld und Rente zu entziehen und einzustellen,
3. Anträge auf Einleitung eines Heilverfahrens entgegenzunehmen, den Sachverhalt in diesen Fällen klarzustellen und die Reichsversicherungsanstalt zu benachrichtigen, wenn er erfährt, daß durch ein Heilverfahren ein Versicherter vor der Berufsunfähigkeit bewahrt oder der Empfänger eines Ruhegeldes oder einer Witwerrente wieder berufsfähig werden kann,

4. in Angelegenheiten der Angestelltenversicherung Auskunft zu erteilen.

**§ 123.** Der Rentenausschuß ist Organ der Reichsversicherungsanstalt und hat die Eigenschaft einer öffentlichen Behörde. Er ist jedoch bei seiner Beschlußfassung nach § 122 Nr. 1, 2 an Weisungen der Reichsversicherungsanstalt nicht gebunden.

Soweit nicht dieses Gesetz den Geschäftsgang und das Verfahren der Rentenausschüsse regelt, geschieht es durch Verordnung des Reichskanzlers, die nach Anhören der Reichsversicherungsanstalt erlassen wird.

**§ 124.** Die Reichsversicherungsanstalt kann mit Zustimmung des Verwaltungsrats dem Rentenausschusse die Überwachung der Ruhegeldempfänger übertragen; in gleicher Weise und mit Genehmigung des Bundesrats können dem Rentenausschusse durch die Reichsversicherungsanstalt noch weitere Aufgaben übertragen werden mit Ausnahme der Überwachung der Entrichtung der Beiträge.

**§ 125.** Der Rentenausschuß kann bei Erledigung seiner Geschäfte die Mitwirkung der Vertrauensmänner (§§ 143 bis 155) nach den Vorschriften dieses Gesetzes in Anspruch nehmen.

### Errichtung.

**§ 126.** Die Rentenausschüsse werden nach Bedarf von der Reichsversicherungsanstalt mit Genehmigung des Bundesrats errichtet. Er bestimmt deren Sitze und Bezirke und kann sie ändern.

**§ 127.** Die Reichsversicherungsanstalt veröffentlicht Sitz und Bezirk der Rentenausschüsse binnen einem Monat nach deren Errichtung oder Änderung.

**§ 128.** Jeder Rentenausschuß besteht aus einem ständigen Vorsitzenden (Obmann), mindestens einem Stellvertreter und aus Beisitzern; dem Rentenausschusse werden die erforderlichen Hilfsbeamten beigegeben.

### Vorsitzender.

**§ 129.** Der Reichskanzler ernennt den Vorsitzenden und dessen Stellvertreter nach Anhören der obersten Verwaltungsbehörde, für deren Bezirk der Rentenausschuß errichtet ist. Er setzt auch die Amtsdauer und die Bezüge des Vorsitzenden und der Stellvertreter fest.

Der Vorsitzende und sein Stellvertreter werden vom Reichskanzler oder von seinen Beauftragten vor Antritt des Amtes auf die Erfüllung ihrer Obliegenheiten verpflichtet.

Wird zum Vorsitzenden oder Stellvertreter ein Reichs- oder Staatsbeamter im Nebenamt ernannt, so steht er unter der Dienstgewalt der ihm im Hauptamt vorgesetzten Dienstbehörde.

**§ 130.** Der Vorsitzende leitet die Geschäfte des Rentenausschusses.

### Beisitzer.

**§ 131.** In den vom Gesetze bestimmten Fällen sind als Beisitzer des Rentenausschusses Versicherungsvertreter beizuziehen; in anderen Fällen können Beisitzer zugezogen werden, soweit das Gesetz nichts anderes bestimmt.

Sie werden je zur Hälfte aus den versicherten Angestellten und aus ihren Arbeitgebern entnommen.

Bei richterlichen Entscheidungen, insbesondere in den Fällen der §§ 12, 13, § 122 Nr. 1, 2, §§ 210, 211, § 215 Abs. 3, §§ 216, 347 dürfen als Beisitzer nur Männer mitwirken.

**§ 132.** Die Zahl der Versicherungsvertreter beträgt mindestens zwanzig; sie kann vom Rentenausschusse mit

Genehmigung des Schiedsgerichts sowie von diesem nach Anhören des Rentenausschusses erhöht werden.

Ein Versicherungsvertreter darf nicht zugleich Beisitzer bei einem Schiedsgericht oder bei dem Oberschiedsgerichte sein.

**§ 133.** Die Beisitzer aus den Arbeitgebern werden von den Arbeitgebervertretern unter den Vertrauensmännern, die übrigen von den Angestelltenvertretern unter den Vertrauensmännern in schriftlicher Abstimmung gewählt.

Wahlberechtigt sind die Vertrauensmänner, die im Bezirke des Rentenausschusses wohnen.

**§ 134.** Die §§ 111 bis 114 gelten entsprechend.

Bei Streit über die Wahl entscheidet die oberste Verwaltungsbehörde, in deren Bezirk der Rentenausschuß seinen Sitz hat.

**§ 135.** Die Versicherungsvertreter sollen mindestens je zur Hälfte am Sitze des Rentenausschusses selbst oder nicht über zehn Kilometer entfernt wohnen oder beschäftigt sein.

Bei der Wahl sollen die hauptsächlichen Berufszweige und die verschiedenen Teile des Bezirkes berücksichtigt werden.

Der Bundesrat kann darüber Besonderes oder Abweichendes bestimmen.

**§ 136.** Die §§ 115, 116, 119 gelten entsprechend.

**§ 137.** Über die Zulässigkeit der Ablehnung beschließt der für den Wohnort des Gewählten zuständige Rentenausschuß.

Wer die Wahl ohne zulässigen Grund ablehnt, kann vom Vorsitzenden des Rentenausschusses mit Geldstrafe bis zu fünfzig Mark bestraft werden.

Der Rentenausschuß kann einen Vertreter von seinem Amte entbinden, wenn ein wichtiger Grund vorliegt.

Auf Beschwerde beschließt das Schiedsgericht endgültig.

§ 138. Werden von einem Versicherungsvertreter Tatsachen bekannt, die seine Wählbarkeit ausschließen oder eine grobe Verletzung seiner Amtspflicht darstellen, so enthebt der Vorsitzende ihn seines Amtes.

Auf Beschwerde beschließt das Schiedsgericht endgültig.

§ 139. Der Vorsitzende verpflichtet die Versicherungsvertreter vor ihrer ersten Dienstleistung auf die gewissenhafte Erfüllung ihrer Pflichten.

Der Vorsitzende kann gegen einen Vertreter, der sich der Erfüllung seiner Pflichten entzieht, eine Geldstrafe bis zu dreißig Mark und im Wiederholungsfalle bis zu einhundert Mark verhängen. Er hat die Strafe zurückzunehmen, wenn nachträglich eine genügende Entschuldigung nachgewiesen wird.

Auf Beschwerde beschließt das Schiedsgericht endgültig.

§ 140. Die Versicherungsvertreter verwalten ihr Amt unentgeltlich als Ehrenamt.

Die Reichsversicherungsanstalt erstattet ihnen ihre baren Auslagen und zahlt ihnen als Entschädigung für Zeitverlust oder für entgangenen Arbeitsverdienst einen Pauschbetrag, den der Reichskanzler festsetzt.

## Hilfsbeamte.

§ 141. Die Hilfsbeamten des Rentenausschusses sind Beamte der Reichsversicherungsanstalt, sie werden durch die Reichsversicherungsanstalt nach Anhören des Vorsitzenden des Rentenausschusses bestellt.

## Kosten.

§ 142. Sämtliche Kosten der Rentenausschüsse trägt die Reichsversicherungsanstalt.

### 4. Vertrauensmänner.

**§ 143.** Die Vertrauensmänner wählen die Beisitzer für die Rentenausschüsse, für die Schiedsgerichte, für das Oberschiedsgericht und für den Verwaltungsrat.

**§ 144.** Den Vertrauensmännern können vom Rentenausschuß bestimmte Obliegenheiten übertragen werden. Sie sollen auch ohne Auftrag alle ihnen bekannt gewordenen Tatsachen mitteilen, die nach ihrer Ansicht für den Rentenausschuß oder die Reichsversicherungsanstalt wichtig sind.

**§ 145.** Die Vertrauensmänner werden je zur Hälfte aus den Versicherten, die nicht Arbeitgeber sind, und aus den Arbeitgebern der versicherten Angestellten gewählt.

Die Zahl beträgt für den Bezirk einer unteren Verwaltungsbehörde sechs; wohnen im Bezirke der unteren Verwaltungsbehörde mehr als zehntausend Versicherte, so kann die oberste Verwaltungsbehörde für je angefangene weitere zehntausend die Zahl der Vertrauensmänner um zwei erhöhen.

Der obersten Verwaltungsbehörde bleibt vorbehalten, für kleinere Bezirke die Zahl der Vertrauensmänner bis auf zwei herabzusetzen oder die Bezirke mehrerer unteren Verwaltungsbehörden zu einem Bezirke zusammenzufassen und zu bestimmen, welche untere Verwaltungsbehörde die im § 149 Abs. 3, § 152 Abs. 2, § 153, § 154 Abs. 1 dieser Behörde zugewiesenen Geschäfte wahrzunehmen hat.

**§ 146.** Die Vertrauensmänner aus den Arbeitgebern werden von den Arbeitgebern der versicherten Angestellten, die übrigen von den versicherten Angestellten gewählt.

**§ 147.** Wahlberechtigt sind volljährige Deutsche, sofern sie zu den versicherten Angestellten oder deren Arbeitgebern gehören und im Bezirke der unteren Verwaltungsbehörde wohnen.

Nicht wahlberechtigt sind die im § 112 Abs. 2 bezeichneten Personen.

**§ 148.** Für die Wahlen der Arbeitgeber kann der Reichskanzler das Stimmrecht nach der Zahl der von ihnen beschäftigten Versicherten verschieden festsetzen.

**§ 149.** Gewählt wird schriftlich nach den Grundsätzen der Verhältniswahl. Für die versicherten Angestellten dient die Versicherungskarte (§ 188) als Ausweis, für die Arbeitgeber eine von der Gemeindebehörde ausgestellte Bescheinigung. Bei den zweiten und folgenden Wahlen nach dem Inkrafttreten des Gesetzes dürfen nur solche Versicherungskarten als Ausweis dienen, in denen wenigstens ein Beitrag innerhalb der letzten zwölf Monate vor der Wahl nachgewiesen ist.

Der Reichskanzler erläßt eine Wahlordnung und bestellt den Leiter der Wahl.

Bei Streit über die Wahl entscheidet die untere Verwaltungsbehörde.

**§ 150.** Für jeden Vertrauensmann werden in gleicher Weise je zwei Ersatzmänner gewählt; sie ersetzen ihn, wenn er verhindert ist, und treten, wenn er ausscheidet, für den Rest der Wahlzeit in der Reihenfolge ihrer Wahl ein.

**§ 151.** Wählbar sind nur Versicherte, die nicht Arbeitgeber sind, und Arbeitgeber der versicherten Angestellten, die im Bezirke der unteren Verwaltungsbehörde wohnen oder beschäftigt werden oder ihren Betriebssitz haben, und die nicht nach § 112 ausgeschlossen sind.

**§ 152.** Die §§ 115, 116, 119 gelten entsprechend.

Solange und soweit keine Wahl zustande kommt oder die Gewählten die Dienstleistung verweigern, beruft die untere Verwaltungsbehörde Vertrauensmänner aus der Zahl der Wählbaren.

**§ 153.** Über die Zulässigkeit der Ablehnung beschließt die untere Verwaltungsbehörde.

Wer die Wahl oder die Berufung ohne zulässigen Grund ablehnt, kann von der unteren Verwaltungsbehörde mit Geldstrafe bis zu einhundertundfünfzig Mark bestraft werden.

Die untere Verwaltungsbehörde kann einen Vertrauensmann von seinem Amte entbinden, wenn ein wichtiger Grund vorliegt.

Auf Beschwerde entscheidet die höhere Verwaltungsbehörde.

**§ 154.** Werden von einem Vertrauensmanne Tatsachen bekannt, die seine Wählbarkeit ausschließen oder eine grobe Verletzung seiner Amtspflicht darstellen, so enthebt ihn die untere Verwaltungsbehörde seines Amtes.

Auf Beschwerde entscheidet die höhere Verwaltungsbehörde.

**§ 155.** Die Vertrauensmänner verwalten ihr Amt unentgeltlich als Ehrenamt.

Die Reichsversicherungsanstalt erstattet ihnen ihre baren Auslagen. In besonderen Fällen kann ihnen eine Entschädigung für Zeitverlust oder für entgangenen Arbeitsverdienst gewährt werden. Die Reichsversicherungsanstalt kann hierüber Bestimmungen erlassen.

## Vierter Abschnitt.

## Schiedsgerichte und Oberschiedsgericht.

### I. Allgemeines.

**§ 156.** Rechtsprechende Behörden in höherer Instanz sind die Schiedsgerichte und das Oberschiedsgericht.

Soweit nicht dieses Gesetz den Geschäftsgang und das

Verfahren der Schiedsgerichte und des Oberschiedsgerichts regelt, geschieht es durch Kaiserliche Verordnung mit Zustimmung des Bundesrats.

## II. Schiedsgericht.

### 1. Errichtung.

**§ 157.** Die Schiedsgerichte nehmen nach den Vorschriften dieses Gesetzes die Geschäfte der Angestelltenversicherung als höhere Spruch- und Beschlußbehörde wahr.

**§ 158.** Die Zahl, der Sitz und die Bezirke der Schiedsgerichte werden durch Kaiserliche Verordnung mit Zustimmung des Bundesrats bestimmt. In gleicher Weise können Änderungen vorgenommen werden.

### 2. Zusammensetzung.

**§ 159.** Das Schiedsgericht besteht aus dem Vorsitzenden, dessen Stellvertreter und aus Beisitzern.

**§ 160.** Die Beisitzer werden je zur Hälfte aus den Versicherten, die nicht Arbeitgeber sind, und aus den Arbeitgebern der versicherten Angestellten gewählt.

Die Zahl der Beisitzer beträgt mindestens zwölf; sie kann von der obersten Verwaltungsbehörde des Bezirkes, in dem das Schiedsgericht seinen Sitz hat, erhöht werden.

Der Vorsitzende, dessen Stellvertreter und die Beisitzer dürfen nicht zugleich Mitglieder des Oberschiedsgerichts sein.

**§ 161.** Die §§ 127, 129, 130, 133 bis 140 gelten entsprechend, jedoch sind nur Männer wählbar. Der Vorsitzende im Hauptamt oder für die Dauer des Hauptamts aus der Zahl der öffentlichen Beamten ernannt. Eine vorübergehende Beauftragung eines Beamten mit dem Vorsitz darf die Dauer von einem Jahre nicht überschreiten.

Geldstrafen (§§ 137, 139) können bis zu dreihundert Mark festgesetzt werden.

Auf Beschwerde und bei Streit über die Wahlen entscheidet das Oberschiedsgericht.

## III. Oberschiedsgericht.

### 1. Errichtung.

**§ 162.** Das Oberschiedsgericht nimmt nach den Vorschriften dieses Gesetzes die Geschäfte der Angestelltenversicherung als oberste Spruch- und Beschlußbehörde wahr.

Es hat seinen Sitz in Berlin.

**§ 163.** Seine Entscheidungen sind endgültig.

### 2. Zusammensetzung.

**§ 164.** Für die Zusammensetzung des Oberschiedsgerichts gelten die §§ 159 bis 161 entsprechend, jedoch wird der Vorsitzende für die Dauer seines Hauptamts oder auf Lebenszeit ernannt.

Die nach § 288 zuzuziehenden Beamten werden vom Reichskanzler für die Dauer ihres Hauptamts bestellt. Eine vorübergehende Beauftragung darf die Dauer von einem Jahre nicht überschreiten. Für diese Beamten werden in der erforderlichen Zahl Stellvertreter bestellt.

**§ 165.** Für die Teilnahme an den Arbeiten und Sitzungen des Oberschiedsgerichts erhalten die ernannten Mitglieder eine Vergütung, die der Reichskanzler festsetzt.

## IV. Aufsicht. Kosten.

**§ 166.** Die oberste Verwaltungsbehörde, in deren Bezirk der Sitz gelegen ist, führt die Aufsicht über das Schiedsgericht.

Sie bestellt die erforderlichen Hilfskräfte und beschafft die Geschäftsräume.

Die Bureau-, Kanzlei- und Unterbeamten haben die Rechte und Pflichten der Reichs- oder Staatsbeamten, wenn sie im Hauptamt und nicht nur vorübergehend oder zur Vorbereitung beschäftigt werden; das Nähere bestimmt die Landesregierung.

Der Vorsitzende verpflichtet sie auf die gewissenhafte Erfüllung der Amtspflichten, soweit sie nicht bereits durch einen Diensteid verpflichtet sind.

**§ 167.** Alle Kosten des Schiedsgerichts schießt der Bundesstaat vor, in dem der Sitz gelegen ist.

Der Bundesrat kann auf Antrag der Reichsversicherungsanstalt Grundsätze für die Bemessung der Kosten festsetzen.

**§ 168.** In die Kasse der Reichsversicherungsanstalt fließen die Geldstrafen sowie die besonders auferlegten Verfahrungskosten (§ 311).

Die Reichsversicherungsanstalt erstattet den Bundesstaaten vierteljährlich nach Anfordern die verauslagten Kosten.

**§ 169.** Die Aufsicht über das Oberschiedsgericht führt der Reichskanzler.

Alle Kosten des Oberschiedsgerichts schießt die Reichshauptkasse vor.

Im übrigen gelten die §§ 166 bis 168 entsprechend.

# Fünfter Abschnitt.

## Deckung der Leistungen.

### I. Aufbringung der Mittel.

#### 1. Allgemeines.

**§ 170.** Die Arbeitgeber und die Versicherten bringen die Mittel für die Versicherung auf.

Sie entrichten für jeden Kalendermonat, in welchem eine versicherungspflichtige Beschäftigung stattgefunden hat, laufend Beiträge zu gleichen Teilen. Das Gleiche gilt für Krankheitszeiten, in denen die Versicherten das Gehalt fortbezogen haben.

Beitragsfrei ist, wer Ruhegeld nach den Vorschriften dieses Gesetzes bezieht.

**§ 171.** Als Beitragsmonate für die Berechnung der Leistungen gelten Kalendermonate, für die Beiträge entrichtet sind.

#### 2. Höhe der Beiträge.

**§ 172.** Der monatliche Beitrag ist nach dem Prämiendurchschnittsverfahren für alle Versicherten derselben Gehaltsklasse gleich hoch zu bemessen. Er beträgt bis auf weiteres

| | | | | |
|---|---|---|---|---|
| in | Gehaltsklasse | A . . . . . . | 1,60 | Mark, |
| " | " | B . . . . . . | 3,20 | " |
| " | " | C . . . . . . | 4,80 | " |
| " | " | D . . . . . | 6,80 | " |
| " | " | E . . . . . . | 9,60 | " |
| " | " | F . . . . . . | 13,20 | " |
| " | " | G . . . . . . | 16,60 | " |
| " | " | H . . . . . | 20,00 | " |
| " | " | J . . . . . . | 26,60 | " |

Die Anerkennungsgebühr zur Aufrechterhaltung der Anwartschaft beträgt jährlich drei Mark und kann in Teilbeträgen oder in einer Summe entrichtet werden.

§ 173. Zur Nachprüfung des Beitrags stellt die Reichsversicherungsanstalt in fünfjährigen Zeitabschnitten, erstmalig für den 31. Dezember 1919, eine versicherungstechnische Bilanz auf.

§ 174. Den Zinsfuß für die versicherungstechnischen Berechnungen bestimmt der Bundesrat. Im übrigen finden §§ 40, 261 des Handelsgesetzbuchs entsprechende Anwendung.

§ 175. Ergibt die Bilanz einen Fehlbetrag, so sind durch Gesetz die Beiträge entsprechend zu erhöhen. Ergibt sich ein Überschuß, so können in gleicher Weise die künftig zu gewährenden Leistungen erhöht werden.

### 3. Entrichtung der Beiträge durch die Arbeitgeber.

§ 176. Der Arbeitgeber, der den Versicherten den Beitragsmonat hindurch beschäftigt, hat für sich und ihn den Beitrag zu entrichten.

§ 177. Beschäftigen mehrere Arbeitgeber den Versicherten während des Monats oder findet die Beschäftigung nicht den Beitragsmonat hindurch statt, so hat jeder Arbeitgeber acht Hundertstel des für die Beschäftigung gezahlten Entgelts als Beitrag zu zahlen. Der hiernach für den Monat sich ergebende Beitrag ist auf zehn Pfennig aufzurunden. Uebersteigen die hiernach für einen Monat eingezahlten Beiträge den Beitrag der höchsten Gehaltsklasse, so wird der überschießende Betrag dem Versicherten für spätere Beitragsmonate gutgeschrieben.

§ 178. Die Versicherungspflichtigen müssen sich bei der Gehaltszahlung die Hälfte der Beiträge, und wer über die gesetzliche Gehaltsklasse hinaus versichert, ohne die Versicherung in einer höheren Gehaltsklasse mit dem Arbeitgeber vereinbart zu haben, auch den Mehrbetrag vom Gehalt abziehen lassen. Die Arbeitgeber dürfen nur auf diesem Wege den Beitragsteil der Versicherten wieder einziehen.

Die Abzüge sind auf die Gehaltszeiten gleichmäßig zu verteilen. Die Teilbeträge sind auf volle zehn Pfennig aufzurunden.

**§ 179.** Sind Abzüge bei einer Gehaltszahlung unterblieben, so dürfen sie nur noch bei der nächsten nachgeholt werden, es sei denn, daß der Arbeitgeber ohne sein Verschulden wirksame Beiträge nachträglich entrichtet (§ 205).

**§ 180.** Die oberste Verwaltungsbehörde kann bestimmen, wie der Beitragsteil Versicherungspflichtiger aus ihrem Entgelt zu erstatten ist, wenn dieser nur aus Sachbezügen besteht oder von Dritten gewährt wird.

**§ 181.** In den Fällen des § 176 haben die Arbeitgeber die am Schlusse eines jeden Monats fälligen Beiträge spätestens bis zum 15. des nächsten Monats den Beitragsstellen (§ 186) portofrei einzuzahlen.

Bei der ersten Beitragsleistung haben die Arbeitgeber über die fälligen Beiträge Übersichten den Beitragsstellen einzureichen, die von diesen der Reichsversicherungsanstalt zu übersenden sind.

Sofern eine Änderung eintritt, haben die Arbeitgeber diese spätestens mit den nächsten Beitragsleistung den Beitragsstellen anzuzeigen.

Die Beiträge werden für die Reichsversicherungsanstalt bei der Reichsbank eingezahlt.

**§ 182.** Auf Grund der Nachweise stellt die Reichsversicherungsanstalt Versicherungskonten für die Berechnung der Ansprüche der versicherten Angestellten und ihrer Angehörigen auf.

**§ 183.** Über eingezahlte Beiträge wird durch Marken quittiert, welche die Reichsversicherungsanstalt für jede Gehaltsklasse an die Beitragsstelle überweist.

Die Marken müssen die Bezeichnung der Gehaltsklasse und des Geldwerts enthalten.

**§ 184.** Die Reichsversicherungsanstalt kann mit Genehmigung des Reichskanzlers längere Zahlungsfristen (§ 170), ein anderes Zahlungsverfahren (§ 181) und andere Quittungsleistung (§ 183) zulassen.

**§ 185.** Die Arbeitgeber haben die empfangenen Marken sofort in die Versicherungskarte des Angestellten einzukleben und zu entwerten. Die Marken gelten alsdann als Quittung für die Entrichtung des Beitrags.

Über die Entwertung erläßt der Bundesrat Vorschriften; er kann Zuwiderhandlungen mit Geldstrafen bis zu dreißig Mark bedrohen.

**§ 186.** Die Beitragsstellen werden nach Bedarf von der Reichsversicherungsanstalt eingerichtet. Soweit besondere Beitragsstellen nicht errichtet sind, werden auf Antrag der Reichsversicherungsanstalt ihre Geschäfte von den hierfür durch die oberste Verwaltungsbehörde bezeichneten Stellen oder von den Postanstalten wahrgenommen. Die den Beitragsstellen zu gewährende Vergütung wird vom Bundesrate nach Anhören der Reichsversicherungsanstalt festgesetzt.

**§ 187.** In den Fällen des § 177 haben die Arbeitgeber bei Zahlung des Entgelts, spätestens am Schlusse des Beitragsmonats, für die fälligen Beiträge besondere Marken in die Versicherungskarte einzukleben. Die Marken dienen als Grundlage für die Bemessung der gesetzlichen

Leistungen. Die Marken sind von den von der Reichsversicherungsanstalt eingerichteten Beitrags- und Markenverkaufsstellen zu beziehen. Die eingeklebten Marken sind zu entwerten. § 185 Abs. 2 findet entsprechende Anwendung.

Der Wert der eingeklebten Marken muß dem auf zehn Pfennig aufgerundeten Werte der fälligen Beiträge gleichkommen.

Die Reichsversicherungsanstalt kann mit Genehmigung des Reichskanzlers für die Erhebung dieser Beiträge auch andere Bestimmungen erlassen.

**§ 188.** Der Versicherte hat sich die Versicherungskarte ausstellen zu lassen. Die Ausstellung ist vom Versicherten mittels Aufnahmekarte, die über Alter, Familienverhältnisse und Gehaltsbezüge Aufklärung geben muß, bei der Ausgabestelle (§ 194) zu beantragen. Die Ortspolizeibehörde kann ihn dazu durch Geldstrafen bis zu zehn Mark anhalten. Hat er keine Versicherungskarte oder weigert er sich, sie vorzulegen, so kann sie der Arbeitgeber beschaffen.

**§ 189.** Die Ausgabestelle sendet die im Laufe eines Monats eingegangenen Aufnahmekarten am Schlusse des Monats an die Reichsversicherungsanstalt.

**§ 190.** Der Versicherte kann unter Vorlegung einer neuen Aufnahmekarte stets eine neue Versicherungskarte verlangen.

**§ 191.** Der Bundesrat bestimmt nach Anhören der Reichsversicherungsanstalt die Einrichtung der Nachweise (§ 181), der Versicherungskarte (§ 185) und der Aufnahmekarte (§ 188). Die Kosten der Herstellung und Lieferung trägt die Reichsversicherungsanstalt.

**§ 192.** Die Versicherungskarte enthält Jahr und Tag der Ausstellung und den Inhalt der Vorschriften der §§ 195, 198, 199, 347.

§ 193. Sie bietet Raum für mindestens achtundvierzig Marken. Für die Fälle der §§ 177, 187 kann der Bundesrat bestimmen, daß sie für mehr Marken Raum bietet.

Die Karten werden für jeden Versicherten fortlaufend beziffert.

§ 194. Die oberste Verwaltungsbehörde bestimmt die Stellen, welche die Karten ausstellen (Ausgabestellen).

Der Reichskanzler bestimmt die Ausgabestellen in den Schutzgebieten.

§ 195. Die Karte soll binnen fünf Jahren nach dem Tage der Ausstellung durch eine neue ersetzt werden. Ist dies versäumt, so kann die Ortspolizeibehörde den Versicherten dazu durch Geldstrafen bis zu zehn Mark anhalten.

In den Fällen der §§ 177, 187 ist der Versicherte verpflichtet, spätestens zwei Monate nach Ablauf des Kalenderjahrs die Versicherungskarte der Reichsversicherungsanstalt einzusenden. Er kann hierzu die Vermittelung der von der Reichsversicherungsanstalt errichteten Beitrags- und Markenverkaufsstellen beanspruchen, die auf Verlangen die Karten gegen Ausstellung einer Empfangsbescheinigung entgegennehmen und an die Reichsversicherungsanstalt einsenden.

Wer die Versicherungskarte nicht rechtzeitig einsendet, kann von der Reichsversicherungsanstalt mit Geldstrafe bis zu zwanzig Mark bestraft werden.

Auf Beschwerde entscheidet der Reichskanzler endgültig.

Die Strafen werden wie Gemeindeabgaben beigetrieben.

§ 196. Den Ausgabestellen wird für die Ausstellung der Karten eine Vergütung gewährt, deren Höhe der Bundesrat nach Anhören der Reichsversicherungsanstalt festsetzt.

§ 197. Verlorene, unbrauchbar gewordene oder zerstörte Versicherungskarten werden durch neue ersetzt.

Nachweisbare Beiträge werden beglaubigt übertragen; die Reichsversicherungsanstalt wird vorher gehört, wenn nicht die unbrauchbar gewordene Karte vorgelegt wird, und in jedem Falle nachher durch eine neue Aufnahmekarte unterrichtet.

**§ 198.** Die Karte darf nur die gesetzlich vorgeschriebenen Angaben enthalten und keine besonderen Merkmale tragen; vor allem darf aus ihr nichts über Führung oder Leistungen des Inhabers zu entnehmen sein.

**§ 199.** Niemand darf eine Versicherungskarte wider den Willen des Inhabers zurückbehalten. Dies gilt nicht für die zuständigen Stellen, wenn sie die Karten zur Neuausstellung, Berichtigung oder Beitragsüberwachung zurückbehalten.

Wer Karten dieser Vorschrift zuwider zurückbehält, ist dem Berechtigten für Nachteile hieraus verantwortlich. Die Ortspolizeibehörde nimmt die Karte ab und händigt sie dem Berechtigten aus.

**§ 200.** Der Bundesrat bestimmt, wie die Beiträge für die nach §§ 3, 4 Versicherungspflichtigen erhoben werden.

### 4. Entrichtung der Beiträge durch die Versicherten.

**§ 201.** Im Falle der freiwilligen Fortsetzung der Versicherung oder der Aufrechterhaltung der erworbenen Anwartschaft (§ 15) sind die Beiträge oder die Anerkennungsgebühr der Reichsversicherungsanstalt spätestens vor Ablauf des Kalenderjahrs, für das sie gelten sollen, durch die Post portofrei einzusenden. Bis zum Eingang der Empfangsbestätigung der Reichsversicherungsanstalt dient der Postschein als Quittung. In besonderen Fällen kann die Reichsversicherungsanstalt auch anderen Versicherten die Zahlung von Beiträgen durch die Post gestatten.

**§ 202.** Mit Genehmigung des Bundesrats kann die Reichsversicherungsanstalt die Entrichtung der Beiträge in anderer Weise regeln.

**§ 203.** Der Versicherte (§ 201) ist verpflichtet, der Reichsversicherungsanstalt auf Verlangen stets Auskunft über seinen Familienstand und das Alter seiner Familienangehörigen zu geben. Die Ortspolizeibehörde kann ihn dazu durch Geldstrafen bis zu zehn Mark anhalten.

**§ 204.** Wer sich während einer entgeltlichen, aber nicht bar bezahlten oder nur vorübergehenden Beschäftigung (§§ 7, 8) freiwillig versichert, hat Anspruch auf den Beitragsteil des Arbeitgebers. Dieser kann es ablehnen, mehr zu erstatten, als er nach diesem Gesetze für eine versicherungspflichtige Beschäftigung beizutragen verpflichtet ist.

### 5. Unwirksame Beiträge.

**§ 205.** Pflichtbeiträge sind zurückzuweisen, wenn sie nach Ablauf von zwei Jahren, falls aber die Beitragsleistung ohne Verschulden der Beteiligten unterblieben ist, nach Ablauf von vier Jahren seit der Fälligkeit entrichtet werden.

**§ 206.** Freiwillige Beiträge dürfen nach Eintritt der Berufsunfähigkeit nicht entrichtet werden.

**§ 207.** Der Entrichtung der Beiträge im Sinne der §§ 205, 206 steht gleich

1. die von einer zuständigen Stelle an den Arbeitgeber gerichtete Mahnung,
2. die Bereiterklärung des Arbeitgebers oder des Versicherten zur Nachentrichtung gegenüber einer solchen Stelle,

wenn demnächst die Beiträge in einer angemessenen Frist entrichtet werden.

Zeiträume, in denen eine Beitragsstreitigkeit (§§ 210, 211) oder ein Verfahren über einen Anspruch auf Ruhegeld oder Rente schwebt, werden in die Fristen der §§ 205, 206 nicht eingerechnet.

Diese Tatsachen (Abs. 1, 2) unterbrechen auch die Verjährung rückständiger Beiträge (§ 228).

**§ 208.** Hat die Reichsversicherungsanstalt nicht innerhalb eines Jahres nach der Einzahlung der Beiträge die Versicherungspflicht oder das Recht zu freiwilliger Versicherung beanstandet, so kann der Rentenanspruch nicht mit der Begründung abgelehnt werden, daß die Beiträge zu Unrecht entrichtet sind.

### 6. Irrtümlich geleistete Beiträge.

**§ 209.** Beiträge, die in der irrtümlichen Annahme der Versicherungspflicht entrichtet worden sind und nicht zurückgefordert werden, gelten als für die freiwillige Weiterversicherung entrichtet, wenn das Recht dazu in der Zeit der Entrichtung bestanden hat.

Der Versicherte kann die Beiträge binnen zehn Jahren nach der Entrichtung zurückfordern, wenn ihm nicht schon Ruhegeld oder Rente rechtskräftig bewilligt worden ist und nicht die Beitragsentrichtung in betrügerischer Absicht geschehen ist.

Der Arbeitgeber kann die Beiträge nicht mehr zurückfordern, wenn ihm vom Versicherten der Wert seines Anteils erstattet ist oder seit der Entrichtung zwei Jahre verflossen sind.

### 7. Beitragsstreitigkeiten.

**§ 210.** Bei Streit über die Beitragsleistung entscheidet, wenn er nicht bei der Festsetzung der Leistungen hervortritt, der für den Beschäftigungsort zuständige Rentenausschuß und auf Beschwerde endgültig das Schiedsgericht.

Handelt es sich um eine noch nicht feststehende Auslegung gesetzlicher Vorschriften von grundsätzlicher Bedeutung, so gibt das Schiedsgericht die Sache unter Begründung seiner eigenen Ansicht an das Oberschiedsgericht ab, wenn es der Beschwerdeführer innerhalb der Beschwerdefrist beantragt hat. Auch andere Beteiligte können diesen Antrag binnen einer Woche stellen, nachdem sie die Gelegenheit, sich zu äußern, erhalten haben. Das Oberschiedsgericht entscheidet in diesen Fällen statt des Schiedsgerichts.

Soll in dem Verfahren nach diesem Gesetze die Versicherungspflicht einer Person verneint werden, weil sie nicht zu den im § 1 Abs. 1 bezeichneten Person gehört, so ist in der Entscheidung festzustellen, ob sie zu den im § 1226 Abs. 1 Nr. 1 oder 6 der Reichsversicherungsordnung bezeichneten Personen gehört. Wird festgestellt, daß sie zu diesen Personen gehört, so ist diese Entscheidung für das Verfahren nach der Reichsversicherungsordnung bindend. Dem Träger der Invalidenversicherung ist Gelegenheit zur Äußerung zu geben; dieser ist berechtigt, Rechtsmittel einzulegen und als Beteiligter den Antrag nach Abs. 2 zu stellen.

Soll in dem Verfahren nach der Reichsversicherungsordnung die Versicherungspflicht einer Person verneint werden, weil sie nicht zu den im § 1226 Abs. 1 Nr. 1 oder 6 bezeichneten Personen gehört, so ist in der Entscheidung festzustellen, ob sie zu den im § 1 Abs. 1 dieses Gesetzes bezeichneten Personen gehört. Wird festgestellt, daß sie zu diesen Personen gehört, so ist diese Entscheidung für das Verfahren nach diesem Gesetze bindend. Für den Träger der Angestelltenversicherung gilt Abs. 3 Satz 3 entsprechend.

§ 211. Allen anderen Streit zwischen Arbeitgebern und Arbeitnehmern über Berechnung und Anrechnung, Erstattung und Ersatz der Beiträge (§§ 176 bis 180, 185, 187, 204) entscheidet der für den Beschäftigungsort zuständige Rentenausschuß endgültig.

§ 212. Ist der Streit endgültig entschieden, so sorgt der Rentenausschuß dafür, daß zu wenig erhobene Beiträge nachträglich nach §§ 181 bis 183 gedeckt werden. Zuviel erhobene Beiträge, die noch zurückgefordert werden können (§ 209), zieht er von der Reichsversicherungsanstalt auf Antrag wieder ein und zahlt sie den Beteiligten zurück. Die Marken werden vernichtet.

§ 213. Ist die Pflicht oder das Recht zur Versicherung endgültig verneint, so erhalten die Beteiligten die noch nicht verfallenen Beiträge auf Antrag zurück. § 209 wird hierdurch nicht berührt.

## 8. Überwachung.

§ 214. Die Reichsversicherungsanstalt überwacht die rechtzeitige und vollständige Entrichtung der Beiträge. Sie kann diese Geschäfte dem Rentenausschuß übertragen (§ 124).

§ 215. Die Arbeitgeber haben dem für den Beschäftigungsort zuständigen Rentenausschuß und der Reichsversicherungsanstalt selbst sowie den Beauftragten beider Auskunft zu geben über die Zahl der Beschäftigten, den Arbeitsverdienst und die Dauer der Beschäftigung. Auch die Versicherten haben über Ort und Dauer ihrer Beschäftigung sowie ihren Arbeitsverdienst Auskunft zu geben.

Beide Gruppen sind verpflichtet, den bezeichneten Behörden und Beauftragten auf Erfordern die Versicherungskarten zur Prüfung und Berichtigung gegen Empfangsschein auszuhändigen.

Der Rentenausschuß kann die Arbeitgeber und die Versicherten durch Geldstrafen bis zu je einhundertundfünfzig Mark zur Erfüllung ihrer Pflichten (Abs. 1, 2) anhalten. Auf Beschwerde endscheidet das Schiedsgericht endgültig.

**§ 216.** Die Reichsversicherungsanstalt kann mit Genehmigung des Reichskanzlers Überwachungsvorschriften erlassen. Der Reichskanzler kann den Erlaß solcher Vorschriften anordnen und, wenn dies ohne Erfolg bleibt, sie selbst erlassen. Der Rentenausschuß kann Arbeitgeber und Versicherte zur Befolgung solcher Vorschriften durch Geldstrafen bis zu je einhundertundfünfzig Mark anhalten. Auf Beschwerde entscheidet das Schiedsgericht endgültig.

**§ 217.** Entstehen durch die Überwachung bare Auslagen, so können sie dem Arbeitgeber auferlegt werden, wenn er sie durch Pflichtversäumnis verursacht hat. Auf Beschwerde entscheidet das Schiedsgericht endgültig.

Die Kosten werden wie Gemeindeabgaben beigetrieben.

**§ 218.** Die Versicherungskarten werden nach Einwilligung der Beteiligten oder nach Schluß des Streitverfahrens von den überwachenden Behörden oder Beauftragten nach §§ 181 bis 183 berichtigt.

## II. Vermögen.

**§ 219.** Die Mittel der Reichsversicherungsanstalt dürfen nur für die gesetzlich vorgeschriebenen oder zugelassenen Zwecke verwendet werden.

Die Einnahmen und Ausgaben sind gesondert zu verrechnen, die Bestände gesondert zu verwahren.

Die Reichsversicherungsanstalt darf nur die ihr gesetzlich übertragenen Geschäfte übernehmen.

**§ 220.** Das Vermögen der Reichsversicherungsanstalt muß wie Mündelgeld (§§ 1807, 1808 des Bürgerlichen

Gesetzbuchs) verzinslich angelegt werden, soweit dieses Gesetz nichts anderes zuläßt.

Außerdem darf es in Wertpapieren, die landesgesetzlich zur Anlegung von Mündelgeld zugelassen sind, sowie in solchen, auf den Inhaber lautenden Pfandbriefen deutscher Hypotheken-Aktienbanken angelegt werden, welche die Reichsbank in Klasse I beleiht.

**§ 221.** Im Sinne des § 1807 Abs. 1 Nr. 1 des Bürgerlichen Gesetzbuchs darf die Sicherheit einer Hypothek, einer Grundschuld oder einer Rentenschuld angenommen werden, wenn die Beleihung die ersten drei Fünfteile des Wertes des Grundstücks nicht übersteigt. Soweit jedoch die oberste Verwaltungsbehörde eines Bundesstaats gemäß § 11 Abs. 2 des Hypothekenbankgesetzes die Beleihung landwirtschaftlicher Grundstücke bis zu zwei Dritteln des Wertes gestattet, darf die Sicherheit auch bei einer solchen Beleihung angenommen werden.

Die Beleihung ist in der Regel nur zur ersten Stelle zulässig.

**§ 222.** Beleihungen von Bauplätzen und solchen Neubauten, die noch nicht vollendet und ertragsfähig sind, sowie von Grundstücken, die einen dauernden Ertrag nicht gewähren, insbesondere von Gruben, Brüchen und Bergwerken, sind unzulässig.

**§ 223.** Der bei der Beleihung angenommene Wert des Grundstücks darf den durch sorgfältige Ermittelung festgestellten gemeinen Wert nicht übersteigen. Bei der Feststellung dieses Wertes sind nur die dauernden Eigenschaften des Grundstücks und der Ertrag zu berücksichtigen, den das Grundstück bei ordnungsmäßiger Wirtschaft jedem Besitzer nachhaltig gewähren kann.

§ **224.** Der Reichskanzler kann genehmigen, daß das Vermögen auch in Darlehen an Gemeinden und Gemeindeverbände, Schulgemeinden und Kirchengemeinden angelegt wird, soweit dies nicht bereits nach § 220 Abs. 1 zulässig ist. Die Darlehen müssen entweder von seiten des Gläubigers kündbar sein oder einer regelmäßigen Tilgung unterliegen.

Er kann die Anlage in einzelnen Gattungen zinstragender Papiere auf einen bestimmten Betrag beschränken.

Er kann widerruflich gestatten, daß zeitweilig verfügbare Bestände in anderer Weise angelegt werden.

§ **225.** Die Reichsversicherungsanstalt kann mit Zustimmung des Reichskanzlers bis zu einem Viertel ihres Vermögens anders als nach den §§ 220, 224 anlegen.

Eine solche Anlage ist nur in Wertpapieren, in anderer Art nur für Verwaltungszwecke, zur Vermeidung von Vermögensverlusten oder für Unternehmungen zulässig, die ausschließlich oder überwiegend den Versicherten zugute kommen.

§ **226.** Mindestens ein Viertel des Vermögens ist in Anleihen des Reichs oder der Bundesstaaten anzulegen.

§ **227.** Rückstände werden wie Gemeindeabgaben beigetrieben. Nach den landesgesetzlichen Vorschriften regelt sich auch die aufschiebende Wirkung der Einwendungen gegen die Zahlungspflicht.

Soweit es nicht bereits landesgesetzlich vorgeschrieben ist, hat dem Beitreibungsverfahren ein Mahnverfahren voranzugehen. Hierfür darf eine Mahngebühr erhoben werden. Diese wird wie die Rückstände beigetrieben. Die Festsetzung ihres Betrags bedarf der Genehmigung des Reichskanzlers.

Rückstände haben das Vorzugsrecht des § 61 Nr. 1 der Konkursordnung.

**§ 228.** Der Anspruch auf Rückstände verjährt, soweit sie nicht absichtlich hinterzogen worden sind, in zwei Jahren nach Ablauf des Kalenderjahres der Fälligkeit.

Der Anspruch auf Rückerstattung von Beiträgen verjährt in sechs Monaten nach Ablauf des Kalenderjahrs, in dem sie entrichtet worden sind, vorbehaltlich des § 209 Abs. 2, der §§ 212, 213.

Der Anspruch auf Leistungen der Reichsversicherungsanstalt verjährt in vier Jahren nach der Fälligkeit, soweit dieses Gesetz nichts anderes vorschreibt.

## Sechster Abschnitt.

## Verfahren.

### I. Verfahren vor den Rentenausschüssen.

#### 1. Anmeldung der Ansprüche.

**§ 229.** Anträge auf die Leistungen sind an den Rentenausschuß zu richten; die Beweisstücke sollen beiliegen.

Der Antrag kann rechtswirksam auch bei einem anderen Organ der Reichsversicherungsanstalt oder bei einer anderen inländischen Behörde gestellt werden. Diese haben das Schriftstück unverzüglich an den zuständigen Rentenausschuß abzugeben.

Minderjährige, die das sechzehnte Lebensjahr vollendet haben, können selbständig den Antrag für sich stellen und ihn selbständig verfolgen.

**§ 230.** Zuständig ist der Rentenausschuß, in dessen Bezirk der Versicherte zur Zeit des Antrags wohnt oder beschäftigt ist.

Sind hiernach mehrere Rentenausschüsse zuständig, so gebührt dem der Vorzug, der zuerst angegangen wird.

**§ 231.** Hat der Versicherte keinen Wohn- oder Beschäftigungsort im Inland, oder ist er gestorben oder verschollen, so ist sein letzter inländischer Wohn- oder Beschäftigungsort maßgebend.

Ist ein solcher nicht vorhanden, so ist der Sitz des Unternehmens maßgebend, in dem der Versicherte beschäftigt ist oder zuletzt beschäftigt war.

**§ 232.** Hält der Rentenausschuß einen anderen für zuständig, so gibt er die Sache an diesen weiter.

Hält sich auch dieser nicht für zuständig, so entscheidet der Vorsitzende des beiden Behörden übergeordneten Schiedsgerichts oder, wenn ein solches nicht vorhanden ist, das Oberschiedsgericht.

Die Entscheidung ist endgültig und bindet die Instanzen.

### 2. Ausschuß und Ablehnung von Mitgliedern des Rentenausschusses.

**§ 233.** Von der Mitwirkung bei der mündlichen Verhandlung ist ausgeschlossen:

1. wer in der Sache selbst Partei ist,
2. wer einer Partei ersatzpflichtig ist,
3. wer mit einer Partei verheiratet ist oder gewesen ist,
4. wer mit einer Partei in gerader Linie verwandt oder verschwägert oder in der Seitenlinie im zweiten oder dritten Grade verwandt oder im zweiten Grade verschwägert ist,
5. wer in der Sache als Bevollmächtigter oder Beistand einer Partei zugezogen oder als ihr gesetzlicher Vertreter aufzutreten berechtigt ist oder gewesen ist,

6. wer in der Sache als Zeuge oder Sachverständiger vernommen ist.

§ 234. Die Mitglieder können sowohl aus Gründen, die ihren Ausschluß rechtfertigen, als wegen Befangenheit abgelehnt werden. Die Ablehnung wegen Befangenheit ist begründet, wenn Tatsachen vorliegen, die Mißtrauen gegen ihre Unparteilichkeit rechtfertigen können.

Kein Mitglied kann als befangen abgelehnt werden, wenn die Partei den Ablehnungsgrund schon vorher kennt, aber erst geltend macht, nachdem sie sich bei dem Rentenausschuß in eine Verhandlung eingelassen oder Anträge gestellt hat.

§ 235. Der Ablehnungsgrund muß glaubhaft gemacht werden.

Lehnt die Partei ein Mitglied als befangen ab, nachdem sie sich in eine Verhandlung eingelassen oder Anträge gestellt hat, so muß sie glaubhaft machen, daß der Ablehnungsgrund erst später entstanden oder ihr bekannt geworden ist.

§ 236. Wird der Vorsitzende oder der stellvertretende Vorsitzende abgelehnt, so entscheidet das Schiedsgericht endgültig.

Wird ein Versicherungsvertreter abgelehnt, so entscheidet der Vorsitzende. Erklärt er den Antrag für begründet, dann ist die Entscheidung endgültig. Lehnt er den Antrag ab, so kann die Entscheidung nur mit der Entscheidung in der Hauptsache angefochten werden. Die Entscheidung des Schiedsgerichts über die Ablehnung ist endgültig.

Einer Entscheidung bedarf es nicht, wenn der Abgelehnte das Ablehnungsgesuch für begründet hält.

§ 237. Der § 236 gilt auch, wenn ein Mitglied des Rentenausschusses selbst eine Tatsache anzeigt, die seine Ablehnung rechtfertigen könnte, oder wenn Zweifel darüber entstehen, ob es aus einem gesetzlichen Grunde ausgeschlossen ist.

3. Feststellung der Leistungen.

§ 238. Anträge auf Einleitung eines Heilverfahrens (§ 36) gibt der Vorsitzende des Rentenausschusses nach Klarstellung des Sachverhalts an die Reichsversicherungsanstalt zur Entscheidung ab.

§ 239. Die übrigen Leistungen stellt der Rentenausschuß fest.

§ 240. Der Vorsitzende des Rentenausschusses entscheidet allein ohne mündliche Verhandlung, wenn es sich handelt um Ruhegeld wegen Vollendung des gesetzlichen Alters, um Leibrente, um Hinterbliebenenrente, um Abfindung oder um Erstattung.

Die Verordnung (§ 123 Abs. 2) kann weitere Fälle bestimmen, in denen der Vorsitzende allein ohne mündliche Verhandlung entscheidet.

§ 241. Der Vorsitzende kann zur Vorbereitung der Entscheidung nach eigenem Ermessen Augenschein einnehmen, Zeugen und Sachverständige, insbesondere Berufsgenossen des Antragstellers, auch eidlich, vernehmen, Gutachten von Ärzten und amtliche Auskünfte jeder Art einholen.

Unterliegt die Beweisaufnahme vor dem Vorsitzenden des Rentenausschusses erheblichen Schwierigkeiten, insbesondere wegen großer Entfernung des Aufenthalts der zu vernehmenden Personen von dem Sitze des Rentenausschusses, so kann der Vorsitzende eines anderen Rentenausschusses oder, wenn die Beweisaufnahme vor dem Vorsitzenden eines anderen Rentenausschusses gleichfalls Schwierigkeiten unterliegen würde, eine andere Behörde, bei eidlichen Vernehmungen das Amtsgericht, ersucht werden. Das Gleiche gilt bei Gefahr im Verzuge.

Bei der Einnahme des Augenscheins und der Vernehmung von Zeugen und Sachverständigen ist der Reichsversicherungsanstalt sowie dem Antragsteller Gelegenheit zur Teilnahme zu geben.

**§ 242.** Verweigert der Unternehmer dem Vorsitzenden des Rentenausschusses die Einnahme des Augenscheins, so hält ihn die Ortspolizeibehörde auf Ersuchen des Vorsitzenden dazu an.

Die oberste Verwaltungsbehörde bestimmt, wie weit Abs. 1 für Betriebe gilt, die unter bergpolizeilicher Aufsicht stehen.

Soll im Dienstraum einer Behörde oder in einem Fahrzeug der Kaiserlichen Marine Augenschein eingenommen werden, so ist die Genehmigung der zuständigen Dienst- oder Kommandobehörde einzuholen.

**§ 243.** Die Vorschriften der Zivilprozeßordnung über die Pflicht, als Zeuge oder Sachverständiger zu erscheinen, sich vernehmen und vereidigen zu lassen, gelten entsprechend.

Zeugen und Sachverständige werden nur vereidigt, wenn dies notwendig ist, um eine wahre Aussage herbeizuführen. Die Aussage darf nicht deshalb verweigert werden, weil dieses Gesetz eine Schweigepflicht begründet. Ob die Aussage oder die Eidesleistung verweigert werden darf, entscheidet der Vorsitzende des Rentenausschusses. Gegen die Entscheidung ist binnen einer Woche Beschwerde an das Schiedsgericht zulässig; es entscheidet endgültig.

§ **244.** Gegen Zeugen oder Sachverständige, die
sich nicht einfinden,
ihre Aussage oder die Eidesleistung ohne Angabe eines Grundes, oder, nachdem der vorgeschützte Grund rechtskräftig für unerheblich erklärt ist, verweigern,
kann nur eine Geldstrafe bis zu dreihundert Mark verhängt werden.

Die Strafe verhängt der Vorsitzende des Rentenausschusses. Auf Beschwerde entscheidet das Schiedsgericht endgültig.

§ **245.** Militärpersonen, die dem aktiven Heere, der aktiven Marine oder einer der Schutztruppen angehören, werden als Zeugen oder Sachverständige auf Ersuchen von der Militärbehörde geladen.

Verweigern sie das Zeugnis oder den Eid, so verhängt auf Ersuchen das Militärgericht die Geldstrafe.

§ **246.** Die Zeugen und Sachverständigen erhalten Gebühren wie bei Vernehmungen vor dem ordentlichen Gericht in bürgerlichen Rechtsstreitigkeiten.

Auf Beschwerde gegen die Festsetzung der Gebühren entscheidet das Schiedsgericht endgültig.

§ **247.** Die Vorschriften des § 243 Abs. 2, § 244 gelten auch für das Verfahren vor dem ersuchten Amtsgerichte. Im übrigen finden auf dieses Verfahren die Vorschriften der Zivilprozeßordnung entsprechende Anwendung.

§ **248.** Dem Antragsteller ist der Inhalt und auf Verlangen eine Abschrift der Beweisverhandlungen, der Reichsversicherungsanstalt sind die gesamten Vorgänge mitzuteilen.

Der Vorsitzende entscheidet, wieweit dem Antragsteller ärztliche Zeugnisse und Gutachten mitzuteilen sind.

§ 249. Hängt der Anspruch von einem familienrechtlichen oder erbrechtlichen Verhältnis ab, so kann der Vorsitzende den Beteiligten aufgeben, das Verhältnis im ordentlichen Rechtsweg feststellen zu lassen.

Er bestimmt zugleich, bis wann die Klage zu erheben ist; die Frist kann auf Antrag verlängert werden.

§ 250. Der Bescheid ist mit Gründen zu versehen und von dem Vorsitzenden zu unterschreiben. Eine Ausfertigung des Bescheids ist der Reichsversicherungsanstalt und dem Antragsteller zuzustellen. Der Bescheid muß den Vermerk enthalten, daß er rechtskräftig wird, wenn der Berechtigte nicht binnen einem Monat nach der Zustellung Berufung bei dem Schiedsgericht einlegt. Für Seeleute, die sich außerhalb Europas aufhalten, gilt § 328 Abs. 2.

Wird Ruhegeld oder Rente gewährt, so ist in dem Bescheide Höhe, Beginn sowie Art der Berechnung der Bezüge anzugeben.

§ 251. Mit Ausnahme der Fälle des § 240 ergeht die Entscheidung nach mündlicher Verhandlung; zu dieser ist je ein Versicherungsvertreter der Arbeitgeber und der versicherten Angestellten als Beisitzer zuzuziehen.

§ 252. Der Vorsitzende bereitet die Sache vor und kann vor der mündlichen Verhandlung Beweis erheben. Die Vorschriften der §§ 241 bis 249 gelten entsprechend.

§ 253. Der Vorsitzende bestimmt die Verhandlungszeit und teilt sie der Reichsversicherungsanstalt und dem Antragsteller mit.

Der Vorsitzende kann für die mündliche Verhandlung Zeugen und Sachverständige laden und anderes anordnen, besonders auch das persönliche Erscheinen des Antragstellers.

§ 254. Der Vorsitzende bestimmt die Reihenfolge, in der die Versicherungsvertreter zu den Verhandlungen zuzuziehen sind. Der Reichskanzler kann hierüber allgemeine Bestimmungen treffen.

§ 255. Die mündliche Verhandlung ist öffentlich.

Die Öffentlichkeit kann aus Gründen des öffentlichen Wohles oder der Sittlichkeit ausgeschlossen werden; der Beschluß ist öffentlich zu verkünden.

§ 256. Die Reichsversicherungsanstalt ist berechtigt, einen Vertreter zu der mündlichen Verhandlung zu entsenden.

Der Antragsteller kann selbst erscheinen oder sich vertreten lassen.

Der Vertreter der Reichsversicherungsanstalt sowie der Antragsteller oder sein Vertreter sind zu hören.

§ 257. Der Rentenausschuß kann Bevollmächtigte und Beistände zurückweisen, die das Verhandeln vor Behörden geschäftsmäßig gegen Entgelt betreiben.

Dies gilt nicht für Rechtsanwälte und solche Personen, denen das Verhandeln vor Gericht gestattet ist (§ 157 der Zivilprozeßordnung).

§ 258. Die Vorschriften des Gerichtsverfassungsgesetzes über die Aufrechterhaltung der Ordnung in der Sitzung (§§ 176 bis 182, 184) gelten entsprechend.

Über Beschwerden gegen Ordnungsstrafen entscheidet das Schiedsgericht endgültig.

§ 259. Hält der Rentenausschuß die Sache nicht für genügend aufgeklärt, so beschließt er den erforderlichen Beweis. Die Ausführung des Beschlusses kann er dem Vorsitzenden übertragen.

Für die Beweisaufnahme gelten §§ 243 bis 248, für die nachträgliche Anordnung, ein Rechtsverhältnis im ordentlichen Rechtsweg feststellen zu lassen, gilt § 249 entsprechend.

**§ 260.** Der Rentenausschuß entscheidet nach Stimmenmehrheit.

Bildet sich bei der Abstimmung über die Höhe von Beträgen keine Mehrheit, so werden die für den größeren Betrag abgegebenen Stimmen den für den zunächst geringeren abgegebenen so lange hinzugerechnet, bis sich eine Mehrheit ergibt.

**§ 261.** Ist der Antragsteller auf Anordnung des Vorsitzenden in der mündlichen Verhandlung erschienen, so werden ihm auf Verlangen bare Auslagen und Zeitverlust vergütet; sie können vergütet werden, wenn er ohne Anordnung erscheint und der Rentenausschuß das Erscheinen für erforderlich hält.

Auf Beschwerde gegen die Verfügung, welche die Vergütung festsetzt oder ablehnt, entscheidet das Schiedsgericht endgültig.

War der Antragsteller ohne Anordnung erschienen, so gilt die Vergütung als abgelehnt, wenn der Rentenausschuß nicht ausdrücklich feststellt, daß das Erscheinen erforderlich war. In diesem Falle findet Beschwerde nicht statt.

**§ 262.** Die Entscheidung wird öffentlich verkündet, auch wenn die Öffentlichkeit der Verhandlung ausgeschlossen war.

Im übrigen gilt für den Bescheid § 250.

**§ 263.** Über die mündliche Verhandlung wird eine Niederschrift aufgenommen.

**§ 264.** Schreib- und Rechenfehler und ähnliche offenbare Unrichtigkeiten, die im Bescheide vorkommen, sind jederzeit auf Antrag oder von Amts wegen zu berichtigen.

Der Vorsitzende entscheidet ohne mündliche Verhandlung, ob zu berichtigen ist.

Berichtigt er, so wird die Verfügung auf der Urschrift des Bescheids und den Ausfertigungen vermerkt. Über die Verfügung kann sich der Beteiligte bei dem Schiedsgericht beschweren; das Schiedsgericht entscheidet endgültig.

Die Verfügung, die eine Berichtigung ablehnt, ist unanfechtbar.

§ 265. Hat der Bescheid einen von einer Partei erhobenen Haupt- oder Nebenanspruch ganz oder teilweise übergangen, so wird er auf Antrag nachträglich ergänzt.

Über den Antrag kann, auch wenn der Fall des § 240 nicht vorliegt, ohne mündliche Verhandlung entschieden werden, wenn es sich um einen Nebenanspruch handelt.

Die ergänzende Entscheidung wird auf der Urschrift des Bescheids und den Ausfertigungen vermerkt.

§ 266. Ist ein Antrag auf Ruhegeld endgültig abgelehnt worden, weil Berufsunfähigkeit nicht nachweisbar war, so kann er erst ein Jahr, nachdem der Bescheid zugestellt worden ist, vorher aber nur dann wiederholt werden, wenn glaubhaft bescheinigt wird, daß inzwischen Umstände eingetreten sind, die den Nachweis liefern.

Wird diese Bescheinigung nicht beigebracht, so weist der Vorsitzende des Rentenausschusses den vorzeitig wiederholten Antrag zurück. Der Bescheid ist nicht anfechtbar.

§ 267. Der Antrag, Ruhegeld oder Hinterbliebenenrenten festzustellen, kann nicht deshalb abgelehnt werden, weil Berufsunfähigkeit oder Tod Folge eines nach der reichsgesetzlichen Arbeiterversicherung entschädigungspflichtigen Unfalls sind. Ruhegeld und Renten sind voll zu zahlen, bis die Unfallrente gewährt wird.

**§ 268.** Die Reichsversicherungsanstalt kann die Feststellung der Unfallrente betreiben, auch Rechtsmittel einlegen. Der Ablauf von Fristen, die ohne ihr Verschulden verstrichen sind, wirkt nicht gegen sie; dies gilt nicht für Verfahrensfristen, soweit sie das Verfahren selbst betreibt.

Die Reichsversicherungsanstalt kann die Befugnis dem Vorsitzenden des Rentenausschusses übertragen.

**§ 269.** Die Vorschriften über die Feststellung der Leistungen gelten entsprechend, wenn Ruhegeld oder Witwerrente entzogen (§§ 68, 69) oder Hausgeld oder Rente wegen Ruhens oder aus sonstigen Gründen eingestellt (§§ 38 bis 40, 72, 73 bis 78) oder gekürzt (§ 95) werden sollen.

Für die Zuständigkeit des Rentenausschusses gelten §§ 230 bis 232 entsprechend.

Eine mündliche Verhandlung findet nicht statt, wenn es sich um das Ruhen (§§ 73 bis 78), die Einstellung (§§ 38 bis 40, 72) und die Kürzung (§ 95) handelt.

### II. Verfahren vor dem Schiedsgericht.

**§ 270.** Gegen die Bescheide des Rentenausschusses oder seines Vorsitzenden ist das Rechtsmittel der Berufung an das Schiedsgericht zulässig.

**§ 271.** Ist die Berufung verspätet oder unzulässig, so kann sie der Vorsitzende ohne mündliche Verhandlung zurückweisen.

Der Antragsteller kann binnen einer Woche nach Zustellung der Verfügung die Entscheidung des Schiedsgerichts anrufen. Die Verfügung muß darauf hinweisen.

**§ 272.** Über die Berufung entscheidet das Schiedsgericht für den Bezirk desjenigen Rentenausschusses, welcher den angefochtenen Bescheid erteilt hat. Das Entsprechende gilt für den Bescheid des Vorsitzenden des Rentenausschusses.

**§ 273.** Die Entscheidung ergeht auf Grund mündlicher Verhandlung; zu dieser sind außer dem Vorsitzenden oder dessen Stellvertreter je zwei Versicherungsvertreter der Arbeitgeber und der versicherten Angestellten zuzuziehen.

**§ 274.** Für das Verfahren über die Berufung gelten die Vorschriften über das Verfahren vor dem Rentenausschuß entsprechend, soweit nicht die folgenden Paragraphen etwas anderes vorschreiben.

**§ 275.** Die Beisitzer werden zu den Verhandlungen nach einer im voraus aufgestellten Reihenfolge zugezogen. Das Nähere bestimmt der Reichskanzler.

Will der Vorsitzende von der Reihenfolge aus besonderen Gründen abweichen, so hat er sie in den Akten zu vermerken.

**§ 276.** Das Schiedsgericht ist nicht deshalb beschlußunfähig, weil außer dem Vorsitzenden nur je ein Beisitzer aus den Arbeitgebern und Versicherten erschienen ist.

Sind drei Beisitzer erschienen, so scheidet aus der doppelt besetzten Gruppe der dem Lebensalter nach jüngere aus.

**§ 277.** Die Berufung bewirkt Aufschub, wenn

1. sie von der Versicherungsanstalt eingelegt wird, soweit es sich um Beträge handelt, die für die Zeit vor Erlaß des angefochtenen Bescheides nachgezahlt werden sollen,
2. es sich um Ersatz- und Erstattungsansprüche handelt.

**§ 278.** Hebt das Schiedsgericht den angefochtenen Bescheid auf, weil das Verfahren an einem wesentlichen Mangel leidet, so kann es die Sache an die Vorinstanz zurückverweisen.

Dabei kann es die Gewährung einer vorläufigen Leistung anordnen.

**§ 279.** Steht es fest, daß das Urteil mit der Revision nicht angegriffen werden kann (§ 282), so vermerkt der Vorsitzende unter Hinweis auf die gesetzlichen Vorschriften am Schlusse des Urteils, daß hiergegen kein Rechtsmittel mehr zulässig ist.

**§ 280.** Will das Schiedsgericht in einem Falle, in dem die Revision ausgeschlossen ist (§ 282), von einer amtlich veröffentlichten grundsätzlichen Entscheidung des Oberschiedsgerichts abweichen, so hat es die Sache unter Begründung seiner Rechtsauffassung an das Oberschiedsgericht abzugeben. Dieses entscheidet dann an Stelle des Schiedsgerichts. Von der Abgabe der Sache sind die Reichsversicherungsanstalt und der Antragsteller zu benachrichtigen.

## III. Verfahren vor dem Oberschiedsgericht.

**§ 281.** Gegen die Urteile des Schiedsgerichts ist Revision zulässig.

**§ 282.** Die Revision ist ausgeschlossen, wenn es sich handelt um

1. Höhe, Beginn und Ende von Ruhegeld oder Leibrente,
2. Hinterbliebenenrente,
3. Abfindung oder Erstattung (§§ 47, 60, 62),
4. Kosten des Verfahrens.

**§ 283.** Bezieht sich eine im übrigen zulässige Revision einer Partei auch auf Ansprüche, für die das Rechtsmittel ausgeschlossen ist, so darf über diese nur dann entschieden werden, wenn den zulässigen Revisionsanträgen ganz oder zum Teil entsprochen wird.

**§ 284.** Über die Revision entscheidet das Oberschiedsgericht.

**§ 285.** Die Revision ist schriftlich einzulegen; sie soll die Revisonsgründe angeben. Das angefochtene Urteil kann auch aus anderen Gründen geändert werden, als in der Revision angegeben sind.

**§ 286.** Die Revision kann nur darauf gestützt werden, daß

1. das angefochtene Urteil auf der Nichtanwendung oder auf der unrichtigen Anwendung des bestehenden Rechtes oder auf einem Verstoße wider den klaren Inhalt der Akten beruhe,
2. das Verfahren an wesentlichen Mängeln leide.

**§ 287.** Ist das angefochtene Urteil mit Unrecht als endgültig bezeichnet (§ 279), so ist die Revision zulässig; sie ist binnen einem Jahre nach der Zustellung einzulegen.

**§ 288.** Die Entscheidung ergeht auf Grund mündlicher Verhandlung in öffentlicher Sitzung; zu dieser sind außer dem Vorsitzenden oder dessen Stellvertreter zwei ständige Mitglieder des Reichsversicherungsamts und zwei richterliche Beamte sowie je ein Versicherungsvertreter der Arbeitgeber und der versicherten Angestellten zuzuziehen.

**§ 289.** Wird ein Mitglied des Oberschiedsgerichts aus einem Grunde, der seinen Ausschluß rechtfertigt, oder wegen Besorgnis der Befangenheit abgelehnt, so entscheidet über das Ablehnungsgesuch das Oberschiedsgericht. Bei der Entscheidung darf der Abgelehnte nicht mitwirken. Bei Stimmengleichheit gilt das Gesuch als abgelehnt.

**§ 290.** Ist der Vorsitzende mit dem Berichterstatter darüber einig, daß die Revision unzulässig oder verspätet ist, so kann er sie ohne mündliche Verhandlung verwerfen. Ist die Revision als verspätet verworfen, so kann der Antragsteller binnen einer Woche nach Zustellung der Verfügung die Entscheidung des Oberschiedsgerichts anrufen; die Verfügung muß darauf hinweisen.

**§ 291.** Für das Verfahren über die Revision gelten die Vorschriften über das Verfahren vor dem Schiedsgericht entsprechend, soweit nicht die §§ 292 bis 296 etwas anderes vorschreiben.

**§ 292.** Der Reichskanzler bestimmt, in welcher Reihenfolge die beamteten Mitglieder und die Versicherungsvertreter zu den Verhandlungen zuzuziehen sind.

**§ 293.** Wird das angefochtene Urteil aufgehoben, so kann das Oberschiedsgericht entweder selbst in der Sache entscheiden oder sie an eine der Vorinstanzen zurückverweisen. Dabei kann es die Gewährung einer vorläufigen Leistung anordnen.

Die Stelle, an welche die Sache überwiesen wird, ist an die rechtliche Beurteilung gebunden, die der Aufhebung des angefochtenen Urteils zugrunde liegt.

**§ 294.** Das Oberschiedsgericht veröffentlicht seine Entscheidungen, die grundsätzliche Bedeutung haben.

Die Art der Veröffentlichung bestimmt der Reichskanzler.

**§ 295.** Die Urteile des Oberschiedsgerichts werden von dem Vorsitzenden, dem Berichterstatter und einem anderen Mitglied des Oberschiedsgerichts unterschrieben.

Ist der Vorsitzende oder Berichterstatter verhindert, so hat für ihn ein anderes Mitglied des Oberschiedsgerichts zu unterschreiben.

**§ 296.** Die Verfügung, die ein Urteil berichtigt (§ 264), wird von dem Vorsitzenden und den Mitgliedern erlassen, die das Urteil unterschrieben haben; die Verfügung ist unanfechtbar.

## IV. Wiederaufnahme des Verfahrens.

### 1. Anfechtungsgründe.

**§ 297.** Ein durch rechtskräftiges Urteil abgeschlossenes Verfahren kann wieder aufgenommen werden, wenn

1. die entscheidende Stelle nicht vorschriftsmäßig besetzt war,
2. eine Person bei der Entscheidung mitgewirkt hat, die von der Mitwirkung aus einem gesetzlichen Grunde ausgeschlossen war, sofern nicht dieses Hindernis durch Ablehnung oder Rechtsmittel ohne Erfolg geltend gemacht worden ist,
3. bei der Entscheidung eine Person mitgewirkt hat, obgleich sie als befangen abgelehnt und die Ablehnung für begründet erklärt worden war,
4. eine Partei in dem Verfahren nicht nach Vorschrift der Gesetze vertreten war, sofern sie nicht die Führung des Streites ausdrücklich oder stillschweigend genehmigt hat.

In den Fällen der Nr. 1, 3 ist die Wiederaufnahme unstatthaft, wenn der Anfechtungsgrund durch ein Rechtsmittel geltend gemacht werden konnte.

**§ 298.** Die Wiederaufnahme ist ferner zulässig, wenn

1. eine Urkunde, auf die sich die Entscheidung stützt, fälschlich angefertigt oder verfälscht war,
2. durch Beeidigung eines Zeugnisses oder eines Gutachtens, auf die sich die Entscheidung stützt, der Zeuge oder Sachverständige vorsätzlich oder fahrlässig die Eidespflicht verletzt hat,
3. der Vertreter der Partei oder der Gegner oder sein Vertreter die Entscheidung durch eine mit öffentlicher Strafe bedrohte Handlung erwirkt hat,

4. eine Person bei der Entscheidung mitgewirkt hat, die bei der Verhandlung ihre Amtspflichten gegen die Partei verletzt hat, sofern diese Verletzung mit öffentlicher Strafe bedroht ist,
5. ein strafgerichtliches Urteil, auf das sich die Entscheidung stützt, durch ein anderes rechtskräftig gewordenes Urteil aufgehoben worden ist,
6. eine Partei nachträglich eine Urkunde, die eine ihr günstigere Entscheidung herbeigeführt haben würde, auffindet, oder zu benutzen instand gesetzt wird.

**§ 299.** Die Wiederaufnahme ist in den Fällen des § 298 Nr. 1 bis 4 nur zulässig, wenn
1. wegen der strafbaren Handlung eine rechtskräftige strafgerichtliche Verurteilung ergangen ist,
2. ein gerichtliches Strafverfahren aus anderen Gründen als wegen Mangels an Beweis nicht eingeleitet oder nicht durchgeführt werden konnte.

**§ 300.** Die Wiederaufnahme ist in allen Fällen des § 298 nur zulässig, wenn nicht die Partei ohne ihr Verschulden den Anfechtungsgrund in dem früheren Verfahren, insbesondere durch Einlegung eines Rechtsmittels, geltend machen konnte.

**§ 301.** Mit dem Antrag auf Wiederaufnahme können Anfechtungsgründe, durch die eine ältere Entscheidung derselben oder einer unteren Instanz betroffen wird, geltend gemacht werden, wenn die angefochtene Entscheidung auf der älteren beruht.

### 2. Zuständigkeit.

**§ 302.** Über den Antrag entscheidet die Stelle, deren Entscheidung angefochten wird.

Sind mehrere Entscheidungen angefochten, die von Stellen verschiedener Ordnung erlassen sind, so entscheidet die Stelle höherer Ordnung. An Stelle des Oberschiedsgerichts entscheidet das Schiedsgericht, wenn ein in der Revisionsinstanz erlassenes Urteil auf Grund des § 298 Nr. 1, 2, 5 oder 6 angefochten wird.

### 3. Gang des Verfahrens.

**§ 303.** Der Antrag ist binnen einem Monat zu stellen.

Die Frist beginnt mit dem Tage, an dem die Partei den Anfechtungsgrund erfährt, jedoch nicht bevor die Entscheidung rechtskräftig geworden ist. Nach Ablauf von fünf Jahren vom Tage der Rechtskraft an ist der Antrag unstatthaft.

Die Vorschriften des Abs. 2 gelten nicht, wenn die Wiederaufnahme wegen mangelnder Vertretung beantragt wird. Die Frist läuft dann von dem Tage, an dem die Entscheidung der Partei oder, wenn sie nicht fähig war, den Streit selbst zu betreiben, ihrem gesetzlichen Vertreter zugestellt worden ist.

**§ 304.** Die Wiederaufnahme kann auch von Amts wegen eingeleitet werden.

**§ 305.** Die Vorschrift des § 329 Abs. 2, 3 über Wahrung der Frist gilt auch für die Ausschlußfristen des § 303 entsprechend.

**§ 306.** Ist der Antrag verspätet oder unzulässig, so kann ihn der Vorsitzende der für die Entscheidung zuständigen Stelle ohne mündliche Verhandlung durch eine mit Gründen versehene Verfügung verwerfen. Der Vorsitzende des Oberschiedsgerichts darf es nur dann, wenn er mit dem Berichterstatter darüber einig ist.

Der Antragsteller kann binnen einer Woche nach der Zustellung der Verfügung die Entscheidung der zuständigen Stelle anrufen. Die Verfügung muß darauf hinweisen.

**§ 307.** Ist der Antrag rechtzeitig gestellt worden und zulässig, so wird die Hauptsache, soweit der Anfechtungsgrund sie betrifft, neu verhandelt.

Für das neue Verfahren gelten die Vorschriften, die für diejenige Instanz maßgebend sind, bei welcher das neue Verfahren anhängig geworden ist.

**§ 308.** Rechtsmittel sind zulässig, soweit solche gegen die Entscheidungen der mit der Wiederaufnahme befaßten Instanzen überhaupt gegeben sind.

### 4. Schlußvorschrift.

**§ 309.** Die Wiederaufnahme des Verfahrens kann durch Kaiserliche Verordnung mit Zustimmung des Bundesrats abweichend von den vorstehenden Vorschriften geregelt werden.

## V. Anfechtung endgültiger Bescheide.

**§ 310.** Gegenüber einem rechtskräftigen Bescheide kann eine neue Prüfung beantragt werden, wenn eine der Voraussetzungen der §§ 297, 298 vorliegt.

Über den Antrag entscheidet der Rentenausschuß; die §§ 299 bis 301, 303 bis 309 gelten entsprechend.

## VI. Kosten des Verfahrens.

**§ 311.** Hat ein Beteiligter durch Mutwillen, Verschleppung oder Irreführung Kosten des Verfahrens veranlaßt, so können sie ihm ganz oder teilweise auferlegt werden.

§ **312.** Im übrigen werden den Beteiligten keine Kosten des Verfahrens auferlegt.

## Siebenter Abschnitt.

# Auszahlung der Leistungen.

### I. Auszahlung durch die Post.

§ **313.** Die Reichsversicherungsanstalt zahlt auf Anweisung des Rentenausschusses durch die Post, und zwar in der Regel durch die Postanstalt, in deren Bezirke der Empfänger zur Zeit des Antrags wohnte. Die Zahlstelle wird ihm vom Rentenausschusse mitgeteilt.

Verzieht der Empfänger, so kann er bei dem Rentenausschuß oder bei der Postanstalt des alten Wohnorts beantragen, daß die Zahlung an die Postanstalt des neuen Wohnorts überwiesen wird.

§ **314.** Jede Person, die berechtigt ist, ein öffentliches Siegel zu führen, ist befugt, die bei den Zahlungen erforderlichen Bescheinigungen zu erteilen und zu beglaubigen.

§ **315.** Die obersten Postbehörden können von der Reichsversicherungsanstalt einen Vorschuß einziehen. Er wird nach Wahl der Reichsversicherungsanstalt vierteljährlich oder monatlich an die von der Post bezeichneten Kassen abgeführt und darf den Betrag nicht übersteigen, den die Reichsversicherungsanstalt im laufenden Geschäftsjahr voraussichtlich zu zahlen hat.

§ **316.** Die der Post zu gewährende Vergütung wird vom Bundesrate nach Anhören der Reichsversicherungsanstalt festgesetzt.

**§ 317.** Der Reichskanzler kann bestimmen, wie an Empfänger zu zahlen ist, die sich gewöhnlich im Ausland aufhalten.

### II. Abrechnung mit der Post.

**§ 318.** Die obersten Postbehörden teilen der Reichsversicherungsanstalt mit, was die Post im verflossenen Geschäftsjahr auf Anweisung der Rentenausschüsse gezahlt hat.

**§ 319.** Binnen zwei Wochen nach Empfang der Mitteilung muß die Reichsversicherungsanstalt den Betrag aus den bereiten Mitteln zahlen.

## Achter Abschnitt.

# Sonstige Vorschriften.

### I. Behörden.

**§ 320.** Die oberste Verwaltungsbehörde kann einzelne der Aufgaben und Rechte, die ihr dieses Gesetz zuweist, auf andere Behörden übertragen.

**§ 321.** Sie bestimmt,

1. welchen Staatsbehörden und welchen Behörden die Aufgaben zukommen, die dieses Gesetz den höheren und den unteren Verwaltungsbehörden sowie den Ortspolizeibehörden zuweist,
2. welche Verbände als Gemeindeverbände zu gelten haben, eine einzelne Gemeinde gilt als Gemeindeverband im Sinne dieses Gesetzes nur dann, wenn es die oberste Verwaltungsbehörde bestimmt.

Die Bestimmungen werden im Reichsanzeiger veröffentlicht.

## II. Rechtshilfe.

**§ 322.** Die öffentlichen Behörden sind verpflichtet, den im Vollzuge dieses Gesetzes an sie ergehenden Ersuchen des Oberschiedsgerichts, der Schiedsgerichte, anderer öffentlicher Behörden sowie der Organe der Reichsversicherungsanstalt zu entsprechen, insbesondere vollstreckbare Entscheidungen zu vollstrecken und den Organen der Reichsversicherungsanstalt auch unaufgefordert alle Mitteilungen zukommen zu lassen, die für deren Geschäftsbetrieb von Wichtigkeit sind. Die gleiche Verpflichtung liegt den Organen der Versicherungsträger der reichsgesetzlichen Arbeiterversicherungen ob.

Wenn ein Gericht das Ersuchen um eine Beweisaufnahme ablehnt, so entscheidet das Oberlandesgericht endgültig.

**§ 323.** Tagegelder, Reisekosten, Gebühren für Zeugen und Sachverständige und alle anderen baren Auslagen, die aus der Rechtshilfe erwachsen, werden von der Reichsversicherungsanstalt als eigene Verwaltungskosten erstattet.

## III. Fristen.

**§ 324.** Richtet sich der Anfang einer Frist nach einem Ereignis oder Zeitpunkt, so beginnt die Frist mit dem Tage, der auf das Ereignis oder den Zeitpunkt folgt.

Wird eine Frist verlängert, so beginnt die neue mit Ablauf der alten Frist.

**§ 325.** Eine nach Tagen bestimmte Frist endigt mit dem Ablauf ihres letzten Tages, eine nach Wochen oder Monaten bestimmte Frist mit dem Ablauf desjenigen Tages der letzten Woche oder des letzten Monats, welcher nach Benennung oder Zahl dem Tage entspricht, in den das Ereignis oder der Zeitpunkt fällt.

Fehlt dem letzten Monat der entsprechende Tag, so endigt die Frist mit dem Monat.

**§ 326.** Braucht ein Zeitraum von Monaten oder Jahren nicht zusammenhängend zu verlaufen, so wird der Monat zu dreißig, das Jahr zu dreihundertfünfundsechzig Tagen gerechnet.

**§ 327.** Fällt der für eine Willenserklärung oder Leistung oder den Ablauf einer Frist gesetzte Tag auf einen Sonntag oder einen allgemeinen Feiertag, der am Erklärungs- oder Leistungsorte staatlich anerkannt ist, so gilt dafür der nächstfolgende Werktag.

Für die Dauer von Leistungen, zu denen die Reichsversicherungsanstalt verpflichtet ist, gilt diese Vorschrift nicht.

**§ 328.** Rechtsmittel sind, soweit dieses Gesetz nichts anderes vorschreibt, binnen einem Monat nach Zustellung der angefochtenen Entscheidung einzulegen.

Für Seeleute, die sich außerhalb Europas aufhalten, wird diese Frist von der Stelle bestimmt, welche die angefochtene Entscheidung erlassen hat; sie muß mindestens drei Monate von der Zustellung an betragen.

**§ 329.** Die Rechtsmittel werden bei der Stelle eingelegt, die zu entscheiden hat.

Die Frist gilt auch dann als gewahrt, wenn das Rechtsmittel rechtzeitig bei einer anderen inländischen Behörde oder bei einem Organe der Reichsversicherungsanstalt eingegangen ist.

Die Rechtsmittelschrift ist unverzüglich an die zuständige Stelle abzugeben.

**§ 330.** Die Rechtsmittel bewirken Aufschub nur da, wo das Gesetz es vorschreibt.

**§ 331.** Ist ein Beteiligter durch Naturereignisse oder andere unabwendbare Zufälle verhindert worden, eine gesetzliche Verfahrensfrist einzuhalten, so wird ihm auf Antrag die Wiedereinsetzung in den vorigen Stand erteilt.

Die Wiedereinsetzung wird auf Antrag auch dann erteilt, wenn das verspätet eingelaufene Schriftstück der Post mindestens drei Tage vor Ablauf der Frist zur Bestellung übergeben worden ist.

**§ 332.** Die Wiedereinsetzung ist im Falle des § 331 Abs. 1 binnen einer Frist zu beantragen, deren Dauer durch die Dauer der versäumten Frist bestimmt wird. Die Frist beginnt mit dem Tage, an dem das Hindernis gehoben ist.

In den Fällen des § 331 Abs. 2 ist die Wiedereinsetzung binnen einem Monat zu beantragen. Die Frist beginnt mit dem Tage, an welchem den Beteiligten bekannt wird, daß sie die Frist versäumt haben.

Nach Ablauf von zwei Jahren, vom Ende der versäumten Frist an, kann die Wiedereinsetzung nicht mehr beantragt werden.

**§ 333.** Der Antrag auf Wiedereinsetzung soll

1. die Tatsachen angeben, welche die Wiedereinsetzung begründen,
2. die Mittel bezeichnen, diese Tatsachen glaubhaft zu machen, und
3. die versäumte Handlung nachholen, wenn es nicht bereits geschehen ist.

Er wird bei der Stelle angebracht, bei der die Frist versäumt ist; § 329 Abs. 2, 3 gilt entsprechend. Die Stelle entscheidet, die über die nachgeholte Handlung zu entscheiden hat.

**§ 334.** Das Verfahren über den Antrag wird mit dem über die nachgeholte Handlung verbunden, doch kann auch zunächst über den Antrag allein verhandelt und entschieden werden.

Für die Entscheidung über die Zulässigkeit des Antrags und ihre Anfechtung gelten dieselben Vorschriften wie für die nachgeholte Handlung.

### IV. Zustellungen.

**§ 335.** Zustellungen, die eine Frist in Lauf setzen, können durch eingeschriebenen Brief geschehen.

Der Postschein begründet nach zwei Jahren seit seiner Ausstellung die Vermutung dafür, daß in der ordnungsmäßigen Frist nach der Einlieferung zugestellt worden ist.

**§ 336.** Wer nicht im Inland wohnt, hat auf Verlangen einen Zustellungsbevollmächtigten zu benennen.

Ist der Aufenthalt unbekannt oder wird der Zustellungsbevollmächtigte nicht in der gesetzten Frist benannt, so kann die Zustellung durch einwöchigen Aushang in den Geschäftsräumen der Behörde oder Stelle ersetzt werden; die Frist darf nicht kürzer als ein Monat sein.

### V. Gebühren und Stempel.

**§ 337.** Gebühren- und stempelfrei sind, soweit dieses Gesetz nichts anderes vorschreibt, alle Verhandlungen und Urkunden, die bei den nach diesem Gesetze für die Feststellung der Leistungen zuständigen Behörden erforderlich werden, um die Rechtsverhältnisse zwischen der Reichsversicherungsanstalt einerseits und den Arbeitgebern oder Versicherten oder ihren Hinterbliebenen andererseits zu begründen oder abzuwickeln.

**§ 338.** Das gleiche gilt für die außergerichtlichen Verhandlungen und Urkunden dieser Art sowie für solche privatschriftlichen Vollmachten und amtlichen Bescheinigungen, welche nach diesem Gesetze zum Ausweis und zu Nachweisungen erforderlich werden.

## VI. Verbote und Strafen.

**§ 339.** Nehmen Arbeitgeber in die Nachweise oder Anzeigen, die sie nach den Vorschriften des Gesetzes oder den Bestimmungen der Reichsversicherungsanstalt aufzustellen haben, Eintragungen auf, deren Unrichtigkeit sie kannten oder den Umständen nach kennen mußten, oder unterlassen sie die vorgeschriebenen Eintragungen ganz oder teilweise, so kann die Reichsversicherungsanstalt Geldstrafe bis zu fünfhundert Mark gegen sie verhängen.

**§ 340.** Unterlassen es Arbeitgeber, rechtzeitig für ihre versicherungspflichtig Beschäftigten die Beiträge abzuführen oder die richtigen Marken (§§ 185, 187) zu verwenden, so kann sie die Reichsversicherungsanstalt mit Geldstrafe bis zu dreihundert Mark belegen. Unabhängig von der Strafe und der Nachholung der Rückstände kann die Reichsversicherungsanstalt dem Bestraften die Zahlung des Ein- bis Zweifachen dieser Rückstände auferlegen. Der Betrag wird wie Gemeindeabgaben beigetrieben.

Bestreitet der Arbeitgeber seine Beitragspflicht, so ist sie nach § 210 festzustellen.

**§ 341.** Mit Geldstrafe bis zu dreihundert Mark oder mit Haft werden bestraft, wenn nicht nach anderen gesetzlichen Vorschriften härtere Strafe verwirkt ist,

1. Arbeitgeber oder deren Vertreter, die vorsätzlich den Beschäftigten höhere Beiträge vom Gehalt abziehen, als dieses Gesetz zuläßt,
2. Personen, die dem Berechtigten eine Versicherungskarte widerrechtlich vorenthalten.

**§ 342.** Arbeitgeber werden mit Gefängnis bestraft, wenn sie vorsätzlich Beitragsteile, die sie den Beschäftigten vom Gehalt abgezogen oder von ihnen erhalten haben, nicht für die Versicherung verwenden.

Daneben kann auf Geldstrafe bis zu dreitausend Mark und auf Verlust der bürgerlichen Ehrenrechte erkannt werden.

Bei mildernden Umständen kann ausschließlich auf Geldstrafe erkannt werden.

**§ 343.** Soweit nach diesem Gesetz Arbeitgeber mit Strafen bedroht sind, stehen ihnen gleich,

1. wenn eine Aktiengesellschaft, ein Versicherungsverein auf Gegenseitigkeit, eine eingetragene Genossenschaft, eine Innung oder andere juristische Person Arbeitgeber ist, die Mitglieder des Vorstandes,
2. wenn eine Gesellschaft mit beschränkter Haftung Arbeitgeber ist, die Geschäftsführer,
3. wenn eine andere Handelsgesellschaft Arbeitgeber ist, alle persönlich haftenden Gesellschafter, soweit sie von der Vertretung nicht ausgeschlossen sind,
4. die gesetzlichen Vertreter geschäftsunfähiger und beschränkt geschäftsfähiger Arbeitgeber sowie die Liquidatoren einer Handelsgesellschaft, eines Versicherungsvereins auf Gegenseitigkeit, einer eingetragenen Genossenschaft, einer Innung oder einer anderen juristischen Person.

**§ 344.** Der Arbeitgeber darf die Pflichten, die ihm dieses Gesetz auferlegt, Betriebsleitern, Aufsichtspersonen oder anderen Angestellten seines Betriebs übertragen.

Handeln solche Stellvertreter den Vorschriften zuwider, die den Arbeitgeber mit Strafe bedrohen, so trifft sie die Strafe. Neben ihnen ist der Arbeitgeber strafbar, wenn

1. die Zuwiderhandlung mit seinem Wissen geschehen ist, oder
2. er bei Auswahl und Beaufsichtigung der Stellvertreter nicht die im Verkehr erforderliche Sorg-

salt beobachtet hat; in diesem Falle darf gegen den Arbeitgeber auf keine andere Strafe als auf Geldstrafe erkannt werden.

Die Zahlung des Ein- bis Zweifachen der rückständigen Beiträge kann auch dem Stellvertreter auferlegt werden (§ 340). Neben ihm haftet für diesen Betrag der Arbeitgeber, falls er nach Abs. 2 bestraft ist.

**§ 345.** Den Arbeitgebern und ihren Angestellten sowie der Reichsversicherungsanstalt ist untersagt, die Versicherten in der Übernahme oder Ausübung eines Ehrenamts der Angestelltenversicherung zu beschränken oder sie wegen der Übernahme oder der Art der Ausübung eines solchen Ehrenamts zu benachteiligen. Den Bezeichneten ist ferner untersagt durch Übereinkunft oder Arbeitsordnung zum Nachteil der Versicherten die Anwendung der Vorschriften dieses Gesetzes ganz oder teilweise auszuschließen.

Vertragsbestimmungen, die dem zuwiderlaufen, sind nichtig.

**§ 346.** Arbeitgeber oder ihre Angestellten, die gegen § 345 Abs. 1 verstoßen, werden mit Geldstrafe bis zu dreihundert Mark oder mit Haft bestraft, wenn nicht nach anderen gesetzlichen Vorschriften härtere Strafe eintritt.

**§ 347.** Wer Versicherungskarten mit unzulässigen Eintragungen oder mit besonderen Merkmalen versieht, kann vom Rentenausschusse mit Geldstrafe bis zu zwanzig Mark bestraft werden.

Mit der gleichen Strafe kann bestraft werden, wer in Versicherungskarten den Vordruck fälschlich ausfüllt oder die zur Ausfüllung des Vordrucks eingetragenen Worte oder Zahlen verfälscht oder wissentlich eine solche Karte gebraucht.

Gegen die Entscheidung des Rentenausschusses findet Beschwerde an die Reichsversicherungsanstalt statt. Diese entscheidet endgültig.

**§ 348.** Wer die Eintragungen, Merkmale oder Fälschungen in der Absicht macht, den Inhaber Arbeitgebern gegenüber kenntlich zu machen, wird mit Geldstrafe bis zu zweitausend Mark oder mit Gefängnis bis zu sechs Monaten bestraft. Bei mildernden Umständen kann statt der Gefängnisstrafe auf Haft erkannt werden.

Eine Verfolgung wegen Urkundenfälschung (§§ 267, 268 des Reichs-Strafgesetzbuchs) tritt nur gegen Personen ein, welche die Fälschung in der Absicht begangen haben, sich oder anderen einen Vermögensvorteil zu verschaffen oder anderen einen Schaden zuzufügen.

**§ 349.** Wer unbefugt offenbart, was ihm in amtlicher Eigenschaft als

Mitglied eines Organs oder Angestelltem der Reichsversicherungsanstalt,

Mitglied oder Angestelltem einer nach diesem Gesetze zur Feststellung der Leistungen zuständigen Behörde,

Vertreter oder Beisitzer bei einer solchen Behörde

über Krankheiten oder andere Gebrechen Versicherter oder ihre Ursachen bekannt geworden ist, wird mit Geldstrafe bis zu eintausendfünfhundert Mark oder mit Gefängnis bis zu drei Monaten bestraft. Die Verfolgung tritt nur auf Antrag des Versicherten oder der Aufsichtsbehörde ein.

Den Versicherten stehen andere Personen gleich, für die dieses Gesetz eine Leistung der Reichsversicherungsanstalt vorsieht.

**§ 350.** Mit Geldstrafe bis zu eintausendfünfhundert Mark oder mit Gefängnis werden die im § 349 Abs. 1 Bezeichneten bestraft, wenn sie unbefugt Geschäfts- oder Betriebsgeheimnisse offenbaren, die ihnen in amtlicher Eigenschaft bekannt geworden sind.

Tun sie dies, um den Unternehmer zu schädigen oder sich oder anderen einen Vermögensvorteil zu verschaffen, so werden sie mit Gefängnis bestraft. Neben der Gefängnisstrafe kann auf Verlust der bürgerlichen Ehrenrechte und auf Geldstrafe bis zu dreitausend Mark erkannt werden.

Die Verfolgung tritt im Falle des Abs. 1 nur auf Antrag des Unternehmers ein.

**§ 351.** Die im § 349 Abs. 1 Bezeichneten werden mit Gefängnis bestraft, wenn sie Geschäfts- oder Betriebsgeheimnisse unbefugt verwerten, um den Unternehmer zu schädigen oder sich oder anderen einen Vermögensvorteil zu verschaffen. Neben der Gefängnisstrafe kann auf Verlust der bürgerlichen Ehrenrechte und auf Geldstrafe bis zu dreitausend Mark erkannt werden.

**§ 352.** Sind in den Fällen des § 350 Abs. 2 oder des § 351 mildernde Umstände vorhanden, so ist auf Geldstrafe bis zu dreitausend Mark zu erkennen.

**§ 353.** Für Beamte, die der Dienstgewalt einer staatlichen oder gemeindlichen Behörde unterstehen, bewendet es an Stelle der §§ 349 bis 352 bei den für sie geltenden Vorschriften.

**§ 354.** Mit Gefängnis nicht unter drei Monaten, neben dem auf Verlust der bürgerlichen Ehrenrechte erkannt werden kann, wird bestraft, wer Marken fälschlich anfertigt oder verfälscht, um sie als echte zu verwenden, oder wer zu demselben Zwecke falsche Marken sich verschafft, verwendet, feilhält oder in Verkehr bringt.

**§ 355.** Mit der gleichen Strafe (§ 354) wird bestraft, wer wissentlich bereits verwendete Marken wieder verwendet oder zur Wiederverwendung sich verschafft, feilhält oder in Verkehr bringt. Bei mildernden Umständen darf auf Geldstrafe bis zu dreihundert Mark oder Haft erkannt werden.

**§ 356.** In den Fällen der §§ 354, 355 ist zugleich auf Einziehung der Marken zu erkennen, auch wenn sie dem Verurteilten nicht gehören. Das muß auch geschehen, wenn keine bestimmte Person verfolgt oder verurteilt werden kann.

**§ 357.** Wer ohne schriftlichen Auftrag der Reichsversicherungsanstalt oder einer Behörde Stempel, Siegel, Stiche, Platten oder andere Formen, die zur Herstellung von Marken dienen können, oder Abdrücke solcher Formen anfertigt, sich verschafft oder einem anderen als der Reichsversicherungsanstalt oder der Behörde überläßt, wird mit Geldstrafe bis zu einhundertundfünfzig Mark oder mit Haft bestraft.

Neben der Geldstrafe oder Haft kann auf Einziehung der Stempel, Siegel, Stiche, Platten oder Formen erkannt werden, auch wenn sie dem Verurteilten nicht gehören.

**§ 358.** Auf Beschwerden gegen Strafverfügungen der Reichsversicherungsanstalt entscheidet das Schiedsgericht endgültig.

**§ 359.** Die Geldstrafen, mit Ausnahme der gerichtlich erkannten, fließen in die Kasse der Reichsversicherungsanstalt.

Die Strafen, außer den gerichtlich erkannten, werden wie Gemeindeabgaben beigetrieben.

**§ 360.** Zuwiderhandlungen gegen die Strafvorschriften dieses Gesetzes, für welche die Gerichte nicht zuständig sind, verjähren, falls sie nicht mit mehr als dreihundert Mark bedroht sind, in einem Jahre, im übrigen in fünf Jahren. Die Verjährung beginnt mit dem Tage, an dem die Handlung begangen ist. Sie wird unterbrochen durch jede gegen den Täter gerichtete Handlung dessen, der zur Verhängung der Strafe zuständig ist. Mit der Unterbrechung beginnt eine neue Verjährung; sie endet spätestens mit Ablauf von zehn Jahren seit dem Tage, an dem die Zuwiderhandlung begangen ist.

**§ 361.** Endgültig verhängte Strafen, die nicht von den Gerichten erkannt sind, verjähren in zwei Jahren. Die Verjährung beginnt mit dem Tage, an dem die Entscheidung endgültig geworden ist. Sie wird unterbrochen durch jede auf Vollstreckung der Strafe gerichtete Handlung dessen, dem die Vollstreckung obliegt. Mit der Unterbrechung beginnt eine neue Verjährung; sie endet spätestens mit Ablauf von vier Jahren seit dem Tage, an dem die Entscheidung endgültig geworden ist.

### VII. **Ausländische Gesetzgebung.**

**§ 362.** Soweit andere Staaten eine der Angestelltenversicherung entsprechende Fürsorge durchgeführt haben, kann der Reichskanzler mit Zustimmung des Bundesrats unter Wahrung der Gegenseitigkeit vereinbaren, in welchem Umfang für Betriebe, die aus dem Gebiete des einen Staates in das des anderen übergreifen, sowie für Versicherte, die zeitweise im Gebiete des anderen Staates beschäftigt werden, die Fürsorge nach diesem Gesetz oder nach den Fürsorgevorschriften des anderen Staates geregelt werden soll.

Auf gleichem Wege kann bei entsprechender Gegenleistung die Versicherung von Angehörigen eines ausländischen Staates abweichend von den Vorschriften dieses Gesetzes geregelt und die Durchführung der Fürsorge des einen Staates in dem Gebiete des andern erleichtert werden. In diesen Vereinbarungen darf die nach diesem Gesetze bestehende Beitragspflicht des Arbeitgebers nicht ermäßigt oder beseitigt werden. Diese Vereinbarungen sind dem Reichstag mitzuteilen.

**§ 363.** Der Reichskanzler kann mit Zustimmung des Bundesrats anordnen, daß gegen Angehörige eines ausländischen Staates und ihre Rechtsnachfolger ein Vergeltungsrecht angewendet wird.

## Neunter Abschnitt.

## Schluß- und Übergangsbestimmungen.

### I. Kosten der ersten Einrichtung.

**§ 364.** Die durch die erste Einrichtung der Reichsversicherungsanstalt entstehenden Kosten sind von der Reichshauptkasse vorzuschießen. Sie sind aus den zunächst eingehenden Versicherungsbeiträgen zu erstatten.

### II. Private Pensionseinrichtungen.

#### 1. Zuschußkassen.

**§ 365.** Fabrik-, Betriebs-, Haus-, Seemanns- und ähnliche Kassen für eine oder mehrere Unternehmungen können auf die Invaliden-, Alters- oder Hinterbliebenenunterstützungen, die sie ihren nach diesem Gesetze versicherten Mitgliedern gewähren, die Ruhegeld- und Hinterbliebenenbezüge dieses Gesetzes anrechnen. Voraussetzung ist dabei, daß die Kassen nur für die im § 1 Abs. 1 bezeichneten Personen errichtet sind, oder der Teil des Vermögens der Kassen für die Angestelltenversicherung ausgeschieden und besonders verwaltet wird, sowie daß die Kassen die Beiträge aus ihren Mitteln entrichten und die Arbeitgeber Zuschüsse zu der-

Kasse zahlen, die mindestens der Hälfte der nach diesem Gesetze zu entrichtenden Beiträge gleichkommen. Die satzungsmäßigen Leistungen werden, wenn sie von der Reichsversicherungsanstalt mit zu decken sind, in dem Verfahren nach diesem Gesetze festgestellt; bei Streit wird in demselben Verfahren entschieden. Die Reichsversicherungsanstalt überweist die festgestellten Bezüge, soweit sie nach §§ 55 bis 58 von ihr zu tragen sind, fortlaufend der beteiligten Kasse. Auf Antrag erfolgt die Zahlung durch die Post unmittelbar an den Berechtigten. Die sonstigen Leistungen dieses Gesetzes werden den versicherten Kassenmitgliedern unmittelbar gewährt.

Kommen mehrere Kassen in Frage, die für den Berechtigten Beiträge zur Reichsversicherungsanstalt entrichtet haben, so teilt die Reichsversicherungsanstalt jeder einzelnen Kasse den für sie in Anrechnung kommenden, den entrichteten Beiträgen entsprechenden Betrag der Leistungen dieses Gesetzes mit. In diesen Fällen wird der Gesamtbetrag der reichsgesetzlichen Leistungen dem Berechtigten auf Anweisung der Reichsversicherungsanstalt durch die Post gezahlt.

**§ 366.** Tritt bei Mitgliedern der im § 365 bezeichneten Kassen innerhalb der ersten zehn Jahre nach Inkrafttreten dieses Gesetzes ein Versicherungsfall der in diesem Gesetz bezeichneten Art ein und haben die Kassen nach ihrer Satzung Leistungen zu gewähren, an denen die Reichsversicherungsanstalt nicht beteiligt ist, so leistet die Reichsversicherungsanstalt zur Bestreitung der Kassenleistungen einen einmaligen Zuschuß in Höhe der Nettobeiträge mit Einschluß der rechnungsmäßigen Zinsen und Zinseszinsen.

Streit über den Zuschuß entscheidet das Oberschiedsgericht.

**§ 367.** Die im § 365 bezeichneten Kassen sind berechtigt, ihre satzungsmäßigen Leistungen, die sie vor dem Inkrafttreten dieses Gesetzes bewilligt haben, gegen Einzahlung des Deckungskapitals auf die Reichsversicherungsanstalt zu übertragen.

Sie können die Wartezeit ihrer Mitglieder durch Einzahlung der entsprechenden Prämienreserve an die Reichsversicherungsanstalt abkürzen oder auf diese die gesamten Anwartschaften übertragen.

Für die Feststellung der übertragenen Leistungen und für die Entscheidung bei Streit hierüber gelten die Vorschriften dieses Gesetzes über das Verfahren.

**§ 368.** Der Bundesrat kann für die Entrichtung der Beiträge aus Kassenmitteln (§ 365) näheres bestimmen.

Er bestimmt die Grundsätze für die Berechnung des Zuschusses (§ 366) sowie des Deckungskapitals und der Prämienreserve (§ 367) nach Anhören der Reichsversicherungsanstalt.

**§ 369.** Zur Durchführung der Vorschriften der §§ 365 bis 367 sind die Satzungen der Kassen zu ändern; die Änderung bedarf der Genehmigung der zuständigen Behörde. Die Behörde kann die Änderung rechtsgültig selbst vornehmen, wenn die Kasse den Antrag der beteiligten Arbeitgeber oder der Mitgliedermehrheit ablehnt.

Der Bundesrat bestimmt das Verfahren vor dem Kaiserlichen Aufsichtsamte für Privatversicherung im Falle des Abs. 1 Satz 2.

**§ 370.** Die §§ 365 bis 369 sind entsprechend anzuwenden auf Wohlfahrtseinrichtungen und auf solche Versicherungseinrichtungen, welche für die im § 1 Abs. 1 bezeichneten Personen errichtet sind.

Einrichtungen, die von Kommunalverbänden verwaltet werden, können sich auch auf andere Personen erstrecken.

§ **371.** Die Vorschriften der §§ 93, 94 wegen Übertragung, Verpfändung, Pfändung und Aufrechnung der Versicherungsansprüche gelten entsprechend für Ansprüche an die Zuschußkassen. Sie gelten nicht, soweit die Leistungen der Zuschußkasse die reichsgesetzlichen Leistungen übersteigen.

Die oberste Verwaltungsbehörde bestimmt, welche Stelle für die Genehmigung nach § 93 Abs. 2 zuständig ist.

## 2. Ersatzkassen.

§ **372.** Der Bundesrat bestimmt auf Antrag, daß Versicherungseinrichtungen der in §§ 365, 370 bezeichneten Art als Ersatzkassen zugelassen werden.

Die Versicherungseinrichtungen müssen schon vor dem 5. Dezember 1911 bestanden haben und bei Stellung des Antrags rechtsfähig sein. Der Antrag ist vom Vorstand der Versicherungseinrichtung oder der Mehrheit der bei ihr versicherten Angestellten vor dem 1. Januar 1913 beim Bundesrat zu stellen.

Zur Sicherstellung der reichsgesetzlichen Beitragsleistung für den Fall der Nichtzulassung haben die Versicherungseinrichtungen eine vom Bundesrat nach Anhören der Reichsversicherungsanstalt zu bestimmende Sicherheit bei der Reichsversicherungsanstalt zu hinterlegen.

Wird der Antrag auf Zulassung abgelehnt, so sind die seit Inkrafttreten des Gesetzes rückständigen Beiträge unter Anrechnung von dreieinhalb vom Hundert Zinsen und Zinseszinsen nachzuzahlen. Bei Streit über die Höhe des nachzuzahlenden Betrages entscheidet das Oberschiedsgericht.

**§ 373.** Die Beteiligung bei einer zugelassenen Ersatzkasse gilt der Versicherung bei der Reichsversicherungsanstalt gleich. Das Gleiche gilt, solange das Verfahren über die Zulassung schwebt.

Die Ersatzkassen müssen den §§ 374 bis 378, § 172 Abs. 2 genügen.

**§ 374.** Den Ersatzkassen müssen sämtliche Versicherungspflichtigen der Unternehmungen, für die sie errichtet sind, angehören, soweit sie nicht nach § 390 von der Beitragsleistung befreit sind.

Der Vorschrift des Abs. 1 wird auch dann genügt, wenn in einem Betriebe mehrere Kassen vorhanden sind und jeder versicherungspflichtige Angestellte mindestens einer dieser Kassen angehört.

Bei Kassen, die für mehrere Unternehmungen errichtet sind, befreit der Beitritt einer Unternehmung, welche der Kasse gegenüber am 5. Dezember 1911 noch nicht vertraglich zur Versicherung der Mehrheit oder einer bestimmten Gruppe ihrer Angestellten verpflichtet war, die Angestellten dieser Unternehmung nicht von der Pflicht zur Versicherung bei der Reichsversicherungsanstalt.

**§ 375.** Die Kassenleistungen müssen den reichsgesetzlichen Leistungen mindestens gleichwertig und in dieser Höhe gewährleistet sein. Die Leistungen für die Zwecke des Heilverfahrens gelten als gleichwertig, wenn in den ersten drei Jahren nach dem Inkrafttreten dieses Gesetzes auf den Kopf der versicherten Angestellten mindestens fünf Mark aufgewendet oder zurückgelegt werden. In den folgenden Jahren ist der im Durchschnitt von der Reichsversicherungsanstalt auf den Kopf der Versicherten nach dem zuletzt veröffentlichten Rechnungsabschluß (§ 105) verbrauchte Betrag in Ansatz zu bringen. Die für die Ersatzkasse zuständige Aufsichtsbehörde überwacht die Ausführung dieser Vorschrift.

Die Gewährleistung kann auch dadurch nachgewiesen werden, daß die den Kassen nach Abs. 1 obliegenden Leistungen bei einem Rückversicherungsverbande (Versicherungsverein auf Gegenseitigkeit) sichergestellt sind, der von Kassen der im § 365 bezeichneten Art gebildet und vom Reichskanzler als leistungsfähig anerkannt ist; die Anerkennung ist davon abhängig zu machen, daß durch die Rückversicherung zugleich der Anspruch der Reichsversicherungsanstalt auf die Überweisung des Deckungskapitals (§ 384) sichergestellt ist.

**§ 376.** Wird die Zulassung als Ersatzkasse zurückgezogen oder die Ersatzkasse aufgelöst, so geht die Verpflichtung zur Befriedigung der reichsgesetzlichen Ansprüche auf die Reichsversicherungsanstalt über. Aus dem Vermögen der Ersatzkasse sind der Reichsversicherungsanstalt die Prämienreserven zu überweisen, die den Verpflichtungen entsprechen. § 368 Abs. 2 gilt entsprechend.

Bei Streit entscheidet das Oberschiedsgericht.

**§ 377.** Die Beiträge der Arbeitgeber zu den Kassen müssen mindestens den reichsgesetzlichen Arbeitgeberbeiträgen und, sofern die Beiträge der Versicherten höher sind, diesen gleichkommen. Die von den Arbeitgebern gemachten besonderen Aufwendungen sind auf die Beiträge der Versicherten und der Arbeitgeber gleichmäßig anzurechnen.

**§ 378.** Den Versicherten muß bei der Verwaltung der Kasse und bei der Feststellung von Kassenleistungen eine den Vorschriften dieses Gesetzes entsprechende Mitwirkung eingeräumt sein. Die Wahl muß geheim sein.

Gegen die Feststellung von Kassenleistungen ist innerhalb der im § 328 vorgeschriebenen Frist die Berufung an das Schiedsgericht und gegen dessen Entscheidung in den in diesem Gesetze vorgesehenen Fällen die Revision an das Oberschiedsgericht zulässig. Für das Verfahren gelten die Vorschriften dieses Gesetzes entsprechend.

Zu den Kosten der Schiedsgerichte und des Oberschiedsgerichts haben die Kassen einen nach Anhören der Reichsversicherungsanstalt vom Bundesrat zu bestimmenden Pauschbetrag zu leisten.

**§ 379.** § 371 gilt entsprechend.

**§ 380.** Bei Berechnung der Wartezeit, des Ruhegehalts und der Renten wird für den reichsgesetzlichen Anspruch die nach dem Inkrafttreten dieses Gesetzes bei Ersatzkassen und bei der Reichsversicherungsanstalt zurückgelegte Beitragszeit angerechnet.

**§ 381.** Mindestens ein Viertel des Vermögens der Kasse, soweit es für die Angestelltenversicherung bestimmt ist, ist in Anleihen des Reichs oder der Bundesstaaten anzulegen. Die zuständige Aufsichtsbehörde überwacht die Ausführung.

Solange die Kasse noch nicht ein Viertel ihres Vermögens nach Abs. 1 angelegt hat, muß sie jährlich mindestens ein Drittel ihres Vermögenszuwachses in solchen Anleihen anlegen.

**§ 382.** War nach dem Inkrafttreten dieses Gesetzes der Versicherte bei verschiedenen zugelassenen Ersatzkassen oder bei der Reichsversicherungsanstalt und einer oder mehreren Ersatzkassen versichert, so ist den Berechtigten gegenüber die Reichsversicherungsanstalt zu den reichsgesetzlichen Leistungen verpflichtet. Diese Leistungen werden nach den Vorschriften dieses Gesetzes durch den zuständigen Rentenausschuß festgesetzt und angewiesen. Bei dem Verfahren sind die beteiligten Ersatzkassen nach den §§ 253, 256 zuzuziehen; auch ist jede von ihnen berechtigt, Rechtsmittel einzulegen. Die beteiligten Ersatzkassen haben die festgesetzten, ihnen zur Last fallenden Leistungen nach den Vorschriften der §§ 383 bis 385 der Reichsversicherungsanstalt zu überweisen.

Die satzungsmäßigen Leistungen der Ersatzkasse ermäßigen sich um die von ihr zu deckenden reichsgesetzlichen Leistungen.

**§ 383.** Jede Ersatzkasse hat beim Austritt eines Kassenmitglieds innerhalb eines Monats nach dem Austritt der Reichsversicherungsanstalt eine Bescheinigung zu übersenden, die über die Dauer der Mitgliedschaft nach dem Inkrafttreten dieses Gesetzes und über die Gehaltsklassen Auskunft gibt, in die das Mitglied während dieser Mitgliedschaft bei Versicherung durch die Reichsversicherungsanstalt einzureihen gewesen wäre. Eine gleiche Bescheinigung ist zu übersenden, wenn ein bei verschiedenen Ersatzkassen oder der Reichsversicherungsanstalt und einer oder mehreren Ersatzkassen versichert gewesenes Mitglied berufsunfähig wird oder stirbt.

**§ 384.** Die Ersatzkassen haben das Deckungskapital für die ihnen nach § 382 Abs. 1 zur Last fallenden reichsgesetzlichen Leistungen an die Reichsversicherungsanstalt spätestens innerhalb zwei Wochen nach der ihnen zugegangenen Aufforderung zu überweisen. Die Reichsversicherungsanstalt kann die Frist unter Anrechnung von Verzugszinsen verlängern.

Streit über die Höhe des Deckungskapitals entscheidet das Oberschiedsgericht.

Das Deckungskapital wird wie Gemeindeabgaben beigetrieben.

**§ 385.** Form und Inhalt der Bescheinigung (§ 383) sowie die Grundsätze für die Berechnung des Deckungskapitals

(§ 384) bestimmt der Bundesrat nach Anhören der Reichsversicherungsanstalt.

**§ 386.** Wird die Bescheinigung (§ 383) nicht rechtzeitig an die Reichsversicherungsanstalt übersandt, so kann die Reichsversicherungsanstalt die säumigen Organe der Ersatzkasse mit Geldstrafe bis zu zwanzig Mark bestrafen.

Auf Beschwerde entscheidet der Reichskanzler endgültig.

Die Strafen werden wie Gemeindeabgaben beigetrieben.

## III. Öffentlich-rechtliche Pensionskassen.

**§ 387.** Die Invaliden-, Alters- und Hinterbliebenenunterstützungen, die Knappschaftsvereine oder Knappschaftskassen ihren nach § 1 Abs. 1 dieses Gesetzes versicherten Mitgliedern gewähren, können um den Betrag der Ruhegeld- und Hinterbliebenenbezüge dieses Gesetzes ermäßigt werden. Die Beiträge zur reichsgesetzlichen Versicherung sind in diesem Falle aus den Mitteln des Knappschaftsvereins oder der Knappschaftskasse zu entrichten; der Arbeitgeberbeitrag muß mindestens der Hälfte der nach diesem Gesetze zu entrichtenden Beiträge gleichkommen. Über das Vermögen, soweit es für die nach § 1 Abs. 1 dieses Gesetzes versicherten Mitglieder bestimmt ist, und über das sonstige Vermögen ist getrennt Rechnung zu führen; insbesondere sind die Beiträge getrennt festzusetzen.

Die Unterstützungen können auch zu einem Teile des im Abs. 1 bezeichneten Betrages ermäßigt werden. In diesem Falle ist nur ein entsprechender Teil der Beiträge zur reichsgesetzlichen Versicherung aus den Mitteln des Knappschaftsvereins oder der Knappschaftskasse zu entrichten; der Arbeitgeberbeitrag muß mindestens der Hälfte der aus den Mitteln des Knappschaftsvereins oder der Knappschaftskasse zu entrichtenden Beiträge gleichkommen.

Die Ermäßigung der Unterstützungen muß mindestens in dem gleichen Verhältnis erfolgen, wie die Bezüge (Unterstützungen) der nicht nach § 1 Abs. 1 dieses Gesetzes versicherten Mitglieder nach den §§ 1321, 1322 der Reichsversicherungsordnung gekürzt werden.

Satzungsmäßige Leistungen, die der Knappschaftsverein oder die Knappschaftskasse vor der Entschließung der zuständigen Stellen oder vor dem Inkrafttreten dieser Vorschrift bewilligt hat, dürfen nicht vermindert werden.

Die erforderlichen Anordnungen sind durch Satzungsänderung herbeizuführen. Kommt ein Beschluß über die Satzungsänderung nicht zustande, so kann auf Antrag der Mehrheit einer der beiden Gruppen in der über die Satzungsänderung beschließenden Körperschaft die oberste Verwaltungsbehörde bestimmen, daß und inwieweit die Unterstützungen nach Abs. 1 bis 4 ermäßigt werden. Zur Stellung des Antrags ist auch die Mehrheit der nach § 1 Abs. 1 dieses Gesetzes versicherten Mitglieder befugt.

Das Nähere über die Entrichtung der Beiträge aus den Mitteln des Knappschaftsvereins oder der Knappschaftskasse bestimmt der Bundesrat.

§§ 365 Abs. 1 Satz 3 bis 6, Abs. 2, 366, 368 Abs. 2 gelten entsprechend.

**§ 388.** Der Bundesrat bestimmt auf Antrag des Vorstandes, daß Knappschaftsvereine oder Knappschaftskassen oder Vereinigungen von solchen als Ersatzkassen zugelassen werden, wenn sie den §§ 375 und 377 genügen. Auch auf Antrag der Mehrheit der nach § 1 Abs. 1 dieses Gesetzes versicherten Mitglieder kann der Bundesrat dieses bestimmen. Der Vorstand ist in diesem Falle zu hören.

Die Gewährleistung der Kassenleistungen (§ 375 Abs. 2) kann auch durch Sicherstellung bei einem nach Landesgesetz von Knappschaftsvereinen oder Knappschaftskassen oder Vereinigungen von solchen gebildeten Rückversicherungsverbande nachgewiesen werden.

§§ 373 Abs. 1, 380 bis 386 gelten entsprechend.

**§ 389.** Für andere öffentlich-rechtliche Pensionseinrichtungen und für solche zur Invaliden-, Alters- und Hinterbliebenenfürsorge bestimmten Kassen, für welche nach Ortsstatut eine Beitragspflicht besteht, gelten die §§ 365 bis 378 Abs. 1, §§ 379 bis 386 entsprechend.

Im übrigen sind Gemeinden, Gemeindeverbände und sonstige öffentlich-rechtliche Körperschaften berechtigt, auf die von ihnen gewährten Ruhegeld- oder Hinterbliebenenbezüge die Leistungen dieses Gesetzes entsprechend der Dauer und der Höhe ihrer Beitragszahlung anzurechnen.

## IV. Versicherungsverträge mit Lebensversicherungsunternehmungen.

**§ 390.** Angestellte, für die vor dem 5. Dezember 1911 bei öffentlichen oder privaten Lebensversicherungsunternehmungen (§ 1 des Gesetzes über die privaten Versicherungsunternehmungen vom 12. Mai 1901 — Reichs-Gesetzbl. S. 139 —) ein Versicherungsvertrag geschlossen ist, können auf ihren Antrag von der Beitragsleistung befreit werden, wenn der Jahresbetrag der Beiträge für diese Versicherungen beim Inkrafttreten dieses Gesetzes mindestens den ihren Gehaltsverhältnissen zur Zeit des Antrags entsprechenden Beiträgen gleichkommt, die sie nach diesem Gesetze zu tragen hätten.

Das Gleiche gilt für Angestellte, die beim Eintreten in die versicherungspflichtige Beschäftigung das dreißigste Lebensjahr überschritten haben und seit mindestens drei

Jahren in einer dem ersten Absatz entsprechenden Weise versichert sind.

**§ 391.** Der Antrag auf Befreiung von der Beitragsleistung ist in der ersten Aufnahmekarte (§ 188) zu stellen. Mit dem Antrag ist der Versicherungsschein (Aufnahmeschein u. dergl.) vorzulegen. Die Befreiung ist in der Aufnahme- und Versicherungskarte zu bescheinigen.

Streit über die Befreiung wird nach § 210 entschieden.

**§ 392.** In den Fällen des § 390 ist der Arbeitgeber verpflichtet, den nach diesem Gesetz auf ihn entfallenden Beitragsanteil an die Reichsversicherungsanstalt abzuführen; dem Versicherten werden dafür die halben Leistungen dieses Gesetzes gewährt.

Hat der Arbeitgeber zu den Beiträgen für Versicherungen seiner Angestellten (§ 390) Zuschüsse gezahlt, so kann er diese Zuschüsse um die an die Reichsversicherungsanstalt zu entrichtenden Beiträge kürzen.

Auf Antrag des Versicherten zahlt die Reichsversicherungsanstalt die an dem Zuschuß gekürzten Beträge an die Lebensversicherungsunternehmungen aus den Arbeitgeberbeiträgen (Abs. 1) weiter, wenn

1. die Versicherung noch in einer dem § 390 entsprechenden Höhe besteht,
2. der Versicherungsschein hinterlegt wird,
3. zur Sicherung einer Anwartschaft auf Ruhegeld und Hinterbliebenenrente die Forderung aus der Versicherung zu demjenigen Teile, welcher dem gekürzten Betrage der reichsgesetzlichen Arbeitgeberzuschüsse entspricht, an die Reichsversicherungsanstalt rechtsverbindlich abgetreten wird.

Näheres über die Ausführung dieser Vorschriften bestimmt der Bundesrat. Er setzt nach Anhören der Reichsversicherungsanstalt die Vergütung fest, die von den Lebensversicherungsunternehmungen für die Abführung der Beiträge zu zahlen ist.

**§ 393.** Werden die Versicherungen (§ 390) vor Eintritt des Todes des Angestellten durch Ablauf, Verfall oder aus anderen Gründen aufgehoben, so fällt die Befreiung von der Beitragsleistung weg. Die Lebensversicherungsunternehmungen haben die Aufhebung von Versicherungsverträgen der Reichsanstalt mitzuteilen, wenn ihnen die Befreiung des Angestellten von der Beitragsleistung angezeigt worden ist. Zuwiderhandlungen werden von der Aufsichtsbehörde mit Geldstrafen bis zu einhundert Mark bestraft.

## V. Freiwillige Versicherung.

**§ 394.** Im ersten Jahre nach dem Inkrafttreten dieses Gesetzes hat die Reichsversicherungsanstalt auf Antrag Angestellten mit einem Jahresarbeitsverdienste von fünftausend bis unter zehntausend Mark zu gestatten, sich nach den Vorschriften dieses Gesetzes über die freiwillige Versicherung selbst zu versichern, wenn sie den Nachweis führen, daß sie in den letzten vier Kalenderjahren vor dem Inkrafttreten des Gesetzes eine nach diesem Gesetz ohne Rücksicht auf das Jahreseinkommen versicherungspflichtige Beschäftigung in mindestens dreißig Kalendermonaten ausgeübt haben.

Dasselbe Recht steht Personen zu, die in ihrem Betriebe regelmäß'g höchstens drei versicherungspflichtige Personen beschäftigen, vorausgesetzt, daß sie in mindestens dreißig Kalendermonaten eine den Bestimmungen des § 1 entsprechende Beschäftigung ausgeübt haben.

Die im § 51 bezeichneten Zeiten sind der versicherungspflichtigen Beschäftigung gleich zu achten.

### VI. Abkürzung der Wartezeit.

§ **395.** In den ersten drei Jahren nach dem Inkrafttreten dieses Gesetzes kann die Reichsversicherungsanstalt auch einzelnen Angestellten nach vorhergehender ärztlicher Untersuchung gestatten, die Wartezeit zum Bezuge der Leistungen dieses Gesetzes durch Einzahlung der entsprechenden Prämienreserve abzukürzen. § 368 Abs. 2 gilt entsprechend.

§ **396.** In den ersten zehn Jahren nach dem Inkrafttreten des Gesetzes genügt zur Erfüllung der Wartezeit bei den Hinterbliebenenrenten (§ 48 Nr. 2) das Zurücklegen von sechzig Beitragsmonaten auf Grund der Versicherungspflicht.

Die Witwen- oder Witwerrente wird nach einem Ruhegelde berechnet, das ein Viertel des Wertes der in den ersten sechzig Beitragsmonaten entrichteten Beiträge beträgt.

§ **397.** Angestellte, die beim Inkrafttreten des Gesetzes das fünfundfünfzigste Lebensjahr bereits vollendet haben, werden auf ihren Antrag von der Versicherungspflicht befreit, wenn ihnen die Abkürzung der Wartezeit nicht gestattet wird oder aus einem anderen Grunde unmöglich ist.

§ **398.** Tritt der Versicherungsfall innerhalb der ersten fünfzehn Jahre nach dem Inkrafttreten dieses Gesetzes ein, ohne daß ein Anspruch auf Leistungen nach diesem Gesetze geltend gemacht werden kann, so steht beim Tode des Versicherten der hinterlassenen Witwe oder dem Witwer oder, falls solche nicht vorhanden sind, den hinterlassenen Kindern unter achtzehn Jahren ein Anspruch auf Erstattung der Hälfte der für den Verstorbenen eingezahlten Beiträge zu. Bei der freiwilligen Versicherung werden drei Viertel der von dem freiwillig Versicherten eingezahlten Beiträge zurückerstattet. Der Anspruch verfällt, wenn er nicht innerhalb eines Jahres nach dem Tode des Versicherten geltend gemacht wird.

## VII. **Gesetzeskraft.**

**§ 399.** Die Vorschriften dieses Gesetzes, die sich auf die zur Durchführung der Angestelltenversicherung erforderlichen Einrichtungen beziehen, treten mit dem Tage der Verkündung dieses Gesetzes in Kraft.

Im übrigen wird der Zeitpunkt, mit dem das Gesetz ganz oder teilweise für den Umfang des Reichs in Kraft tritt, durch Kaiserliche Verordnung mit Zustimmung des Bundesrats bestimmt.

Urkundlich unter Unserer Höchsteigenhändigen Unterschrift und beigedrucktem Kaiserlichen Insiegel.

Gegeben usw.

# Sachregister.

(Die Zahlen verweisen auf die Paragraphen.)

---

## A.

## B.

## D.



## E.

## F.

## G.

## H.

## L.



## M.

## Q.



## R.

## T.



## U.

## V.

## W.

Druck von Otto Walter in Berlin S. 14.

Guttentag'sche Sammlung

# Deutscher Reichsgesetze.

Text-Ausgaben mit Anmerkungen. Taschenformat.

---

1. **Verfassung des Deutschen Reichs.** Von Dr. **L. von Rönne. 9. Aufl.** von Landrat **P. von Rönne.** 1904. Mit Abänderungen vom Mai 1906. 2 M. 40 Pf.

2. **Strafgesetzbuch** für das Deutsche Reich. Von Dr. **H. Rüdorff. 23. Aufl.** bearbeitet von Prof. Dr. **Franz v. Liszt** und Dr. **Ernst Delaquis.** 1910. 1 M. 80 Pf.

3. **Militärstrafgerichtsordnung** nebst Einführungsgesetz. Von Wirkl. Geheimen Kriegsrat Dr. jur. **A. Romen** und Kriegsgerichtsrat Dr. jur. **Carl Rissom.** 1910. 6 M.

4. **Handelsgesetzbuch vom 10. Mai 1897** unter Ausschluß des Seerechts. **14. Aufl.** Herausgegeben von Geh. Justizrat Prof. Dr. **A. Mosse.** 8°. 1911. 5 M.

5. **Wechselordnung vom 3. Juni 1908.** Kommentar von Justizrat Dr. **J. Stranz** und Rechtsanwalt Dr. **M. Stranz,** und das **Wechselstempelsteuergesetz vom 15. Juli 1909** von Geh. Regierungsrat **P. Loeck. 10. Aufl.** 1909. 3 M.

5a. **Wechselstempelsteuergesetz** apart. **10. Aufl.** 1 M. 25 Pf.

6. **Reichsgewerbeordnung** nebst Ausführungsbestimmungen. Von **Berger** und **Wilhelmi. 18. veränderte und sehr vermehrte Auflage** von Stadtrat Dr. **Karl Flesch** in Verbindung mit Dr. **Friedr. Hiller** und Dr. **Herm. Luppe.** 1910. 4 M.

7. **Post- und Telegraphen-Gesetzgebung.** Nebst Weltpostvertrag und internationalem Telegraphenvertrag. **6. Aufl.** von Geh. Ober-Postrat Dr. **M. König.** 1908. 4 M.

8. Die Reichsgesetze über den **Unterstützungswohnsitz, die Freizügigkeit, den Erwerb und Verlust der Bundes- und Staatsangehörigkeit.** Von Geheimrat Dr. **J. Krech,** Mitglied des Bundesamtes für das Heimatwesen. **7. Aufl.** 1908. Mit Anhang: Gesetz für Elsaß-Lothringen v. 1909. 3 M.

9. Sammlung **kleinerer strafrechtlicher Reichsgesetze.** Von Dr. **R. H. Kriegsmann,** Privatdozent in Kiel. **8. Aufl.** 1910. 4 M.

10. Das **Reichsbeamtengesetz** von **J. Pieper. 2. Aufl.** 1901. 4 M. 50 Pf.

— Gesetz von 1907 siehe Nr. 82.

11. **Zivilprozeßordnung mit Gerichtsverfassungsgesetz** in der Fassung vom 1. Juni 1910. Von **R. Sydow.** Fortgeführt von **L. Busch. 13. Aufl.** 8°. 1910. 7 M.

12. **Strafprozeßordnung und Gerichtsverfassungsgesetz** nebst den Gesetzen, betr. die Entschädigung der im Wiederaufnahmeverfahren freigesprochenen Personen und die Entschädigung für unschuldig erlittene Untersuchungshaft. Von Dr. **A. Hellweg,** Reichsgerichtsrat. **15. Aufl.** 1908. 2 M.

13. **Konkursordnung und Anfechtungsgesetz.** Von **R. Sydow.** Fortgeführt von **L. Busch. 11. Aufl.** 1911. 2 M. 80 Pf.

14. **Gerichtsverfassungsgesetz** mit Einführungsgesetz. Herausgegeben von **R. Sydow.** Fortgeführt von **L. Busch. 9. Aufl.** 1905. Mit Nachtrag, enthaltend die Novelle vom 1. Juni 1909. 1 M. 50 Pf.

15. Das **Deutsche Gerichtskostengesetz** nebst den Gebührenordnungen für Gerichtsvollzieher, Zeugen und Sachverständige. Von **R. Sydow.** Weiter bearbeitet von **L. Busch. 8. Aufl.** 1907. Mit Nachtrag, enthaltend die Novelle vom 1. Juni 1909. 2 M.

16. **Rechtsanwaltsordnung.** Von **R. Sydow. 5. Aufl.** von Justizrat **M. Jacobsohn.** 1907. Mit Nachtrag, enthaltend die Bestimmungen vom 22. Mai 1910. 1 M. 20 Pf.

17. Die **Deutsche Gebührenordnung für Rechtsanwälte und das Preußische Gebührengesetz** vom 27. September/6. Oktober 1899. Von **R. Sydow.** Fortgeführt von **L. Busch. 10. Aufl.** 1911. 2 M. 70 Pf.

18. **Reichsstempelgesetz** vom 15. Juli 1909. (Börsen-, Lotterie- [Spiel- und Wette], Frachturkunden-, Fahrkarten-, Kraftfahrzeug-, Tantieme, Scheck- und Grundstücksübertragungssteuer.) Mit den gesamten Ausführungsbestimmungen. **10. Aufl.** von Geh. Regierungsrat **P. Loeck.** 1910. Mit Nachtrag, enthaltend die Änderungen vom 14. Febr. 1911. 8°. 6 M.

19. Die **Seegesetzgebung.** Von Dr. **W. E. Knitschky. 4. Aufl.** bearbeitet von Oberlandesgerichtsrat **Otto Rudorff** in Hamburg. 1908. Mit Anhang, enthaltend die Bestimmungen von 1909. 6 M.

20. **Krankenversicherungsgesetz.** Von weil. Dr. **E. von Woedtke. 11. Aufl.** von Geh. Reg.-Rat Dr. **G. Eucken-Addenhausen.** 1905. 3 M.

21. Die **Konsulargesetzgebung.** Von Professor Dr. **Ph. Zorn. 3. Aufl.** Bearbeitet von Reg.-Assessor Dr. **K. Zorn.** 1911. 4 M. 50 Pf.

22. **Patentgesetz.** Nebst Ausführungsbestimmungen, völkerrechtlichen Verträgen und der Patentanwalts-Ordnung. **7. Aufl.** bearbeitet von **R. Lutter,** Geh. Reg.-Rat im Kaiserl. Patentamt. 1908. 2 M. 80 Pf.

23. **Gewerbe-Unfallversicherungsgesetz.** Von weil. Dr. **E. von Woedtke. 9. Aufl.** von **Franz Caspar,** Direktor im Reichsamt des Innern. 1907. 2 M. 50 Pf.

24. **Aktiengesellschaft und Kommanditgesellschaften auf Aktien.** Von Justizrat Dr **H. Veit Simon** und Amtsrichter **L. Keyßner. 6. Aufl.** 1911. 3 M.

25. **Brausteuergesetz.** vom 15. Juli 1909. Von **A. Düffe,** Oberzollrevisor. **2. Aufl.** 1910. 3 M.

26. Die Reichsgesetzgebung über **Münz- und Notenbankwesen,** Papiergeld, Prämienpapiere und Reichsschulden. Von Dr. jur **R. Koch,** Präsident des Reichsbankdirektoriums. **6. Aufl.** 1910. 4 M.

27. Die Gesetzgebung, betr. das **Gesundheitswesen** im Deutschen Reich. Von Dr. jur. **C. Goesch** und Dr. med. **J. Karsten.** 1888. 1 M. 60 Pf.

28. **Bau-Unfallversicherungsgesetz.** Vom 30. Juni 1900. Von **R. Chrzescinski,** Kaiserl. Regierungsrat. **3. Aufl.** 1900 2 M.

29. **Erwerbs- und Wirtschaftsgenossenschaften.** Von **L. Parisius** und Dr. **H. Crüger. 13. Aufl.** von Dr. **H. Crüger.** 1910. 1 M. 50 Pf.

30. **Invalidenversicherungsgesetz** vom 13. Juli 1899. Von weil. Dr. **E. von Woedtke. 10. Aufl.** von Regierungsrat **H. Follmann.** 1906. 4 M.
Siehe auch Handausgabe von Freund Seite 25.

31. **Gewerbegerichtsgesetz.** Von Stadtrat **L. Mugdan. 7. Aufl.** bearbeitet von **W. Cuno,** Oberbürgermeister zu Hagen i. W. 1911. 2 M. 50 Pf.

32. Reichsgesetz, betr. die **Gesellschaften mit beschränkter Haftung.** Von **L. Parisius** und Dr. **H. Crüger. 11. Aufl.** von Dr. **H. Crüger.** 1910. 1 M. 40 Pf.

33. **Vereins- und Versammlungsrecht.** Von Dr. **E. Ball. 2. Aufl.** von Dr. **F. Friedenthal.** 1907. 2 M. 50 Pf.
Reichs-Vereinsgesetz vom 19. April 1908 siehe Nr. 88.

34. Die **Abzahlungsgeschäfte.** Gesetz vom 16. Mai 1894. **3. vermehrte Aufl.** besorgt von Dr. **E. Wilke,** Landgerichtsrat. 1910. 1 M. 25 Pf.

35. Die **Reichs-Eisenbahngesetzgebung.** Von **W. Coermann,** Kaiserl. Amtsrichter. 1895. 2 M. 25 Pf.

36. Gesetze, betr. die **privatrechtlichen Verhältnisse der Binnenschiffahrt und der Flößerei.** Von **E. Löwe,** Landgerichtsrat. **4. Aufl.** 1909. 3 M.

37. Gesetz gegen den **unlauteren Wettbewerb.** Von Justizrat **A. Pinner. 5. Aufl.** 1910. 1 M. 25 Pf.

38/39. **Bürgerliches Gesetzbuch nebst Einführungsgesetz** von Dr. **A. Achilles.** In Verbindung mit Professor Dr. **André,**

Kammergerichtsrat **Ritgen**, Reichsgerichtsrat Dr. **Strecker**, Ministerialrat Dr. **v. Unzner** herausgegeben von Geh. Ober-Justizrat **Greiff**. **6. Aufl.** 8°. 1909. 6 M. 50 Pf.

40. Gesetz, betr. die **Pflichten der Kaufleute bei Aufbewahrung fremder Wertpapiere (Depotgesetz).** Mit Erläuterungen. Von **F. Lusensky**, Geh. Ober-Regierungsrat. **2. Aufl.** 1905. 1 M.

41. **Börsengesetz.** In der Fassung der Novelle vom 8. Mai 1908. **2. Aufl.** Von Wirkl. Geh. Ober-Regierungsrat **Th. Hemptenmacher**, Staatskommissar an der Berliner Börse. 1908. 2 M.

42. **Grundbuchordnung** nebst den preußischen Ausführungsbestimmungen. Mit Einleitung. Von Prof. Dr. **O. Fischer. 5. Aufl.** 1909. 2 M.

43. **Zwangsvollstreckung in das unbewegliche Vermögen** im Reiche und in Preußen. Mit Einleitung, Kosten- und Gebührentabellen. Von Dr. **J. Krech**, Kaiserl. Geh. Regierungsrat und Professor Dr. **O. Fischer. 6. Aufl.** 1910. 2 M.

44. Das Reichsgesetz über das **Auswanderungswesen** vom 9. Juni 1897. Von Professor Dr. **Felix Stoerk.** 1899. 2 M. 25 Pf.

45. Das **Entmündigungsrecht** unter Berücksichtigung der für Preußen geltenden Vorschriften nebst der preußischen Justiz-Ministerial-Verfügung vom 28. November 1899. Von Landgerichtsrat Dr. **P. Koll** in Cöln. 1900. 1 M. 50 Pf.

46. Die Gesetze des Reiches und Preußens über die **freiwillige Gerichtsbarkeit.** Von **Herm. Jastrow,** Amtsgerichtsrat. **5. Aufl.** 1911. 3 M. 60 Pf.

47. Das **deutsche Vormundschaftsrecht** und das preuß. Gesetz über die Fürsorgeerziehung Minderjähriger nebst den dazu gehörigen preußischen Nebengesetzen. Von Oberverwaltungsgerichtsrat **Max Schultzenstein** und Amtsgerichtsrat Dr. **Paul Köhne. 2. Aufl.** 1901. 3 M.

48. Gesetze und Verordnungen, betr. den **Drogen-, Gift- und Farbenhandel** außerhalb der Apotheken. Von Dr. **J. Broh,** Rechtsanwalt. 1899. 1 M. 25 Pf.

49. Deutsche **Kolonialgesetzgebung.** Von Professor Dr. **Philipp Zorn.** 1901. 4 M. 50 Pf.

50. Der **Viehkauf** (Viehgewährschaft) nach dem Bürgerlichen Gesetzbuche. Nebst Verordn. betr. die Hauptmängel und Gewährsfristen beim Viehhandel. Von Rechtsanwalt Dr. **H. Stölzle** und Königl. Kreistierarzt **H. Weiskopf. 4. Aufl.** 1908. 4 M.

51. **Hypothekenbankgesetz** vom 13. Juli 1899. Von Dr. **H. Göppert. 2. Aufl.** Bearbeitet von Geh. Reg.-Rat Dr. **Seidel.** 1911. 2 M. 40 Pf.

52. Gesetz, betreffend die gemeinsamen **Rechte der Besitzer von Schuldverschreibungen.** Von Dr. **Heinrich Göppert.** 1900. 2 M.

53. **Reichspreßgesetz** vom 7. Mai 1874. Mit Kommentar von **A. Born,** Erster Bürgermeister der Stadt Marienburg (Westpr.). 1911. **2. Aufl.** 2 M.

54. Die Reichsgesetzgebung über den Verkehr mit **Nahrungsmitteln, Genußmitteln** und **Gebrauchsgegenständen.** Von Dr. **Georg Lebbin,** Nahrungsmittelchemiker in Berlin. 1900. 2 M. 25 Pf.

55. Das Recht der **Beschlagnahme von Lohn- und Gehaltsforderungen.** Von Justizrat **Georg Meyer. 4. Aufl.** 1910. 2 M. 60 Pf.

56. Gesetz, betr. die **Bekämpfung gemeingefährlicher Krankheiten.** Nebst Ausführungsbestimmungen. Von Dr. **Bruno Burkhardt,** Regierungsrat, Mitglied des Kaiserl. Gesundheitsamts. 1900. 1 M. 40 Pf.

57. **See-Unfallversicherungsgesetz.** Von Dr. **Max Mittelstein,** Oberlandesgerichtsrat in Hamburg. 1901. 2 M.

58. **Das Recht der unehelichen Kinder** nach dem BGB. Von **Hermann Jastrow,** Amtsgerichtsrat. 1901. 1 M. 80 Pf.

59. Reichsgesetz über die **Beurkundung des Personenstandes und die Eheschließung.** Von Dr. **F. Fidler,** Amtsgerichtsrat. 1901. 1 M. 80 Pf.

60. Gesetz, betreffend das **Urheberrecht an Werken der Literatur und der Tonkunst** in der Fassung vom 22. Mai 1910. Von Geh. Justizrat **Otto Lindemann. 3. Aufl.** 1910. 1 M. 60 Pf.

61. Gesetz über das **Verlagsrecht.** Von Justizrat **E. Heinitz. 2. Aufl.** Bearbeitet von Rechtsanwalt Dr. **Br. Marwitz.** 1911. 1 M. 80 Pf.

62. Gesetz über **private Versicherungsunternehmungen.** Von **H. Könige,** Reichsgerichtsrat. **2. Aufl.** 1910. 4 M. 20 Pf.

63. **Gesetzestafel des Deutschen Reichsrechts.** Systematisch geordnete Nachweisung des z. Z. geltenden Reichsrechts. Ergänzungsband zu der Guttentag'schen Sammlung Deutscher Reichsgesetze. Von **Hugo Bruhns,** Syndikus. 1902. 8°. 2 M. 50 Pf.

64. Gesetzsammlung betr. den **Handel mit Drogen und Giften.** Reichsgesetzliche Bestimmungen und Anhang mit den landesgesetzlichen Verordnungen sämtlicher Bundesstaaten. Von Rechtsanwalt **H. Sonnenfeld,** Syndikus der Berliner Drogisten-Innung. 1902. 3 M.

65. Das **Weingesetz** in der Fassung von 1909. Mit Ausführungsbestimmungen von Dr. **Georg Lebbin,** Nahrungsmittelchemiker. **2. Aufl.** 1909. 2 M. 50 Pf.

66. Die **Eisenbahn-Gesetzgebung.** Von **W. Pietsch,** Rechnungsrat im Reichs-Eisenbahn-Amt. 1902. 5 M.

67. **Militär-Strafgesetzbuch.** Von **Romen** und **Rissom.** In Vorbereitung.

68. Das **Fleischbeschaugesetz.** Vom 3. Juni 1900. Von Dr. **Georg Lebbin,** Nahrungsmittelchemiker und Rechtsanwalt Dr. **Georg Baum.** 1903. 4 M.

69. Reichsgesetz über die **Naturalleistungen der bewaffneten Macht im Frieden** nebst den in Preußen geltenden Bestimmungen. Von Regierungsassessor Dr. **Walter v. Hippel.** 1903. 1 M. 25 Pf.

70. Das **Reichs-Haftpflichtgesetz,** vom 7. Juni 1871. Von Regierungsrat Dr. **G. Eger.** 1903. 3 M.

71. **Kinderarbeit in gewerblichen Betrieben,** vom 30. März 1903. Von **H. Spangenberg,** Oberverwaltungsgerichtsrat. **2. Aufl.** 1904. 1 M. 60 Pf.

72. **Unfallversicherungsgesetz für Land- und Forstwirtschaft** von weil. Dr. **E. von Woedtke,** fortgesetzt von **Alfred Radtke,** Geh. Regierungsrat und Senatspräsident im Reichsversicherungsamt. **2. Aufl.** 1904. 4 M. 50 Pf.

73. **Entschädigung für unschuldig erlittene Verhaftung und Bestrafung.** Nebst Anhang, enthaltend die dazu gehörigen Nebengesetze über Schadensersatz. Von Dr. jur. **A. Romen,** Wirkl. Geh. Kriegsrat. 1904. 2 M.

74. Die **Kaufmannsgerichte** nebst den preuß. Ausführungsbestimmungen. Von Professor Dr. **Max Apt. 3. Aufl.** 1905. 2 M.

75. Reichsgesetz über die **Konsulargerichtsbarkeit.** Von Dr. jur. **A. F. Vorwerk,** Rechtsanwalt in Schanghai. 2. Ausgabe, mit dem Schutzgebietsgesetz und der Ausführungsverordnung, betr. die Rechtsverhältnisse in den Schutzgebieten. 1908. 2 M.

76. **Die Rechtshilfe im Verkehr mit den ordentlichen Gerichten nach deutschem Reichsrecht.** Von Landrichter Dr. **A. Friedländer.** 1906. 1 M. 80 Pf.

77. **Das Reichserbschaftssteuergesetz.** Vom 3. Juni 1906. Von **Ulrich Hoffmann,** Rechnungsrat im Königl. Preuß. Finanzministerium. **2. Aufl.** 1911. 5 M.

78. **Zigarettensteuergesetz.** Vom 15. Juli 1909. Von Dr. **Cuno,** Regierungsassessor. **2. Aufl.** in Vorbereitung, nach Erlaß der sämtlichen Ausführungsbestimmungen.

79. **Die Militärpensionsgesetze** vom 31. Mai 1906 nebst Ausführungsbestimmungen. Zum Gebrauch für Heer, Marine und Schutztruppe von Dr. jur. **A. Romen,** Wirklicher Geheimer Kriegsrat.

a) I. Teil: Offizierpensionsgesetz. 1907. 3 M. 50 Pf.

b) II. Teil: Mannschaftsversorgungsgesetz. 1908. 3 M. 50 Pf.

80. Reichsgesetzgebung über **gerichtliche Registerführung.** Von **Otto Lindemann,** Geh. Justizrat. 1906. 3 M.

81. Gesetz, betr. **Urheberrecht an Werken der bildenden Künste und der Photographie.** Von Dr. **Ludwig Fuld,** Rechtsanwalt. 1907. 1 M.

82. **Reichsbeamtengesetz** in der Fassung vom 18. Mai 1907 und seine Ergänzungen von Geheimrat Professor Dr. **Adolf Arndt.** 1908. 3 M.

83. Reichsgesetz über **den Versicherungsvertrag** nebst Einführungsgesetz. Von Dr. **Paul Hager** und Dr. **E. Bruck. 2. vermehrte und verbesserte Auflage.** 1910. 5 M.

84. **Sammlung kleinerer privatrechtlicher Reichsgesetze** von Oberlandesgerichtsrat **Georg Müller.** 1908. 6 M. 50 Pf.

85. **Scheckgesetz** mit Einleitung usw. Von Prof. Dr. **Max Apt. 5. Aufl.** Mit Postscheckordnung vom 6. Nov. 1908 und im Anhang „Besteuerung des Schecks". 1909. 2 M.

**Postscheckordnung** vom 6. Nov. 1908. Apart mit Erläuterungen und Ausführungsbestimmungen. (30 Pf.)

86. **Die Auslieferungsverträge des Deutschen Reiches** von Landrichter **A. Cohn.** 1908. 4 M.

87. Gesetz zum **Schutz der Warenbezeichnungen.** Von Geh. Reg.-Rat, Mitglied des Patentamts Dr. **Freund** und Rechtsanwalt **Magnus. 5. Aufl.** 1909. 3 M. 50 Pf.

88. **Vereinsgesetz** vom 19. April 1908. Von Dr. jur. **A. Romen,** Wirkl. Geh. Kriegsrat. **2. Aufl.** 1908. 1 M. 50 Pf.

89. **Vogelschutzgesetz** vom 30. Mai 1908 nebst den das Flugwild betr. Bestimmungen der Preußischen Jagdordnung von Dr. jur. **Leo von Boxberger.** 1908. 1 M.

90. Die Haager Abkommen über das **Internationale Privatrecht** von Dr. **G. A. E. Bogeng.** 1908. 2 M. 20 Pf.

91. **Eisenbahn-Verkehrsordnung** vom 23. Dez. 1908. Mit Ausführungsbestimmungen. Von Regierungsassessor bei der Eisenbahndirektion Breslau Dr. **Ernst Blume.** 1909. 2 M. 50 Pf.

92. Gesetz, betr. den **Verkehr mit Kraftfahrzeugen.** Von Amtsrichter **R. Kirchner. 2. Ausgabe** ergänzt durch die Bundesratsverordnung vom 3. Febr. 1910 und das Internationale Uebereinkommen vom 11. Okt. 1909. 1910. 3 M.

93. Gesetz über die **Sicherung der Bauforderungen** von Justizrat Dr. **E. Harnier. 2. Aufl.** 1909. 1 M. 30 Pf.

94. **Haftpflicht der Reichs- und Staats-Beamten** von Dr. **H. Delius. 2. Aufl.** 1909. Mit dem Nachtrag, enth. das Gesetz über die Haftung des Reichs für seine Beamten vom 22. Mai 1910. 3 M. 50 Pf.

95. Die Berner Uebereinkunft über **internationales Urheberrecht** von Dr. **Herm. Dungs**, vortrag. Rat im Reichsjustizamt. 1910. 1 M.

96. **Branntweinsteuergesetz** vom 15. Juli 1909. Unter Berücksichtigung der für das Reich erlassenen Ausführungsbestimmungen. Von Geh. Reg.-Rat **Johs. Nath**, vortrag. Rat im Reichsschatzamt. 1910. 3 M. 50 Pf.

97. **Schutzgebietsgesetz** nebst der Verordnung betr. die Rechtsverhältnisse in den Schutzgebieten, dem Gesetz über die Konsulargerichtsbarkeit sowie den Ausführungsbest. und ergänzenden Vorschriften. Von **Johs. Gerstmeyer**, Wirkl. Legationsrat und vortrag. Rat im Reichskolonialamt. 1910. 3 M.

98. **Sechs Haager Abkommen** über **Internationales Privatrecht**. Von Dr. **Herm. Dungs**, vortrag. Rat im Reichs-Justizamt. 1910. 1 M. 50 Pf.

99. **Die Abkommen der Haager Friedenskonferenz** von Dr. jur. **Hans Wehberg**. 1910. 3 M.

100. **Gesetz über den Absatz von Kalisalzen.** Von Geh. Bergrat **Carl Voelkel.** 1910. 2 M. 40 Pf.

101. **Zuwachssteuergesetz.** Von Reg.-Rat **Cuno.** 1911. Im Druck.

102. **Urheberrecht an Mustern und Modellen** u. Ges. betr. Schutz v. Gebrauchsmustern von Reg.-Rat **Johs. Neuberg,** Mitgl. d. K. Patentamts. 1911. 2 M. 40 Pf.

Guttentag'sche Sammlung

# Preußischer Gesetze.

Text-Ausgaben mit Anmerkungen. Taschenformat.

---

1. Die **Verfassungs-Urkunde** für den Preußischen Staat. Mit Einleitung, vollständigem Kommentar. Von Prof. Dr. **Adolf Arndt. 7. Aufl.** 1911. **4 M.**

2. Preußische **Beamten-Gesetzgebung.** Enthaltend die wichtigsten Beamtengesetze in Preußen. Von **C. Pfafferoth. 4., neubearb. Aufl.** 1905. Mit Anhang: Abänderung vom 27. Mai 1907. 2 M.

3. **Die Aufnahme des Nottestaments** durch die bestellten Urkundspersonen. Anweisung mit Musterbeispielen und Abriß des Erbrechts von Amtsgerichtsrat **C. Kurtz.** 1904. 1 M. 50 Pf.

4. **Gebührenordnung** für **Notare** vom 25. Juli 1910. **4. Aufl.** bearbeitet von Justizrat **Rausnitz.** 1910. 2 M. 20 Pf.

5. Gesetz vom **24. April 1854 (betr. die außerehel. Schwängerung).** Von Dr. **Schulze.** 1873. 75 Pf.
   Gültiges Recht siehe: Reichsgesetze Nr. 58.

6. Die Preuß. **Ausführungsgesetze und Verordnungen zu den Reichs-Justizgesetzen.** Von **R. Sydow. 3. vermehrte Aufl.** 1895. 2 M. 40 Pf. Siehe Seite 24, Busch-Eylau, Ausführungsgesetze.

7. Allg. **Gerichtsordnung** und Preuß. **Konkursordnung.** Von **F. Vierhaus.** Vergriffen.

8. **Vormundschaftsordnung.** Von **F. Schultzenstein.**
   Gültiges Recht siehe: Reichsgesetze Nr. 47.

9. Die Preußische **Grundbuchgesetzgebung.** Von Prof. Dr. **Fischer.** Vergriffen. Siehe: Reichsgesetze Nr. 42.

10. **Einkommensteuergesetz.** Von **A. Fernow,** Geh. Ober-Finanzrat. **7. Aufl.** 1908/9. Mit Nachtrag, enth. die Bestimmungen v. 22. März und 26. Mai 1909. 3 M. 25 Pf.

11. **Gewerbesteuergesetz.** Von **A. Fernow,** Geh. Ober-Finanzrat. **5., vermehrte Aufl.** 1910. 3 M.

12. **Allgemeines Berggesetz** für die Preußischen Staaten vom 24. Juni 1865. Von **W. Westhoff** und **W. Schlüter. 2. Aufl.** 1907. Mit Nachtrag von 1909. 5 M.

13. **Ergänzungssteuergesetz** (Vermögenssteuergesetz). Von **A. Fernow,** Geh. Ober-Finanzrat. **4. vermehrte Aufl.** 1907. 2 M. 40 Pf.

14. **Kommunalabgabengesetz.** Vom 14. Juli 1893 und Gesetz wegen Aufhebung direkter Staatssteuern. Von Dr. **F. Adickes,** Oberbürgermeister. **5. Aufl.** Bearbeitet von Stadtrat Dr. **Woell.** 1911. 2 M. 40 Pf.

15. Die **Kreisordnungen** für den Preußischen Staat. Von **O. Kolisch,** Landgerichtsrat. 1894. 4 M.

16. **Konzessionierung gewerblicher Anlagen.** Preuß. Ausführungs-Anweisung zu §§ 16 u. ff. der Gewerbe-Ordnung. Von Dr. **W. v. Rüdiger,** Geh. Regierungs- u. Gewerberat. **2. Aufl.** 1901. 2 M.

17. Preußisches **Gerichtskostengesetz.** Vom 25. Juli 1910. Mit Kostentabellen. Von Dr. **P. Siméon,** Kammergerichtsrat. **6. Aufl.** 1910. 3 M. 60 Pf.

18. Preußisches **Stempelsteuergesetz** vom 30. Juni 1909. Mit sämtlichen Ausführungsbestimmungen. Von **P. Loeck**, Geh. Regierungsrat. **7. Aufl.** 8°. 1911. 7 M.

19. Das **Jagdscheingesetz.** Mit ausführlichen Erläuterungen. Von **F. Kunze**, Wirklichem Geh. Ober-Regierungsrat. **2. Aufl.** 1899. 2 M.

20. Die **preußischen Erbschaftssteuergesetze.** Unter Berücksichtigung der Novelle vom 31. Juli 1895. Von **U. Hoffmann**, Rechnungsrat im Königl. preuß. Finanzministerium. 1905. 4 M.

(**Reichs**-Erbschaftssteuergesetz s. Reichsgesetze Nr. 77).

21. Gesetz über die **Handelskammern.** Von **F. Lusensky**, Geh. Regierungsrat. **2. Aufl.** 1909. 3 M.

22. Gesetz, betr. **Anstellung und Versorgung der Kommunalbeamten.** Von Dr. **W. Ledermann**, Magistratsassessor zu Berlin. 1899. 1 M. 25 Pf.

23. **Ausführungsgesetz zum Bürgerlichen Gesetzbuche.** Von Kammergerichtsrat Dr. **P. Siméon. 2. Aufl.** 1905. 1 M. 80 Pf. Siehe auch Busch-Eylau S. 24.

24. Die **Hinterlegungsordnung** in der Fassung des Ausführungsgesetzes zum BGB. vom 20. Sept. 1899 nebst Ausführungsbestimmungen. Von Regierungsrat Dr. **Georg Bartels. 2. Aufl.** 1908. 2 M.

25. **Preußische Kommunalbeamtengesetzgebung.** Von Magistrats-Assessor Dr. **Fr. Kremski**, Berlin. 1901. 3 M.

26. Gesetze über das **Diensteinkommen der Lehrer und Lehrerinnen, Ruhegehalt und Fürsorge für Hinterbliebene.** Tabelle zur Berechnung der Ruhegehalts-, Witwen- und Waisenbezüge. Von Dr. **Ed. Cremer,** Beigeordneter. 1900. 2 M. 40 Pf.

27. Gesetz, betreffend die **Warenhaussteuer.** Von Geh. Ober-Finanzrat Dr. **G. Strutz.** 1900. 1 M. 20 Pf.

28. Gesetz über die **Fürsorgeerziehung Minderjähriger.** Von Landgerichtsdirektor Dr. **P. F. Aschrott. 2. umgearbeitete Aufl.** 1907. 2 M. 80 Pf.

29. Gesetz, betr. **die ärztlichen Ehrengerichte, das Umlagerecht und die Kassen der Aerztekammern.** Von Amtsgerichtsrat Dr. **F. Fidler.** 1901. 1 M. 50 Pf.

30. Das **Preußische Staatsschuldbuch** und **Reichsschuldbuch.** Von Wirkl. Geh. Ober-Finanzrat **J. Mücke.** 1902. 2 M.

31a. **Die geltenden Preußischen Gesindeordnungen.** Herausgegeben in zwei Bänden von **Stephan Gerhard,** Rechtsanwalt in Berlin. 1902.

**Band I:** Gesindeordnung für die altpreußischen Provinzen vom 8. Nov. 1810, mit Erläuterungen unter Berücksichtigung der Ergänzungsgesetze und der Rechtsverhältnisse der Gesindevermieter, sowie die Gesindeordnungen für Neuvorpommern und Rügen und für die Rheinprovinz. 2 M. 50 Pf.

31b. **Band II:** Gesindeordnungen für Hannover, Schleswig-Holstein, Hessen-Nassau und den Regierungsbezirk Hohenzollern. 2 M. 50 Pf.

Siehe auch Seite 25: Ratgeber von Grieben.

32. **Die Städteordnung für die sechs östlichen Provinzen** Preußens vom 30. Mai 1853. Von Dr. jur. **Walter Ledermann,** Stadtrat zu Berlin. 8°. 1902. 6 M.

33. **Rentenguts- und Anerbenrechts-Gesetzgebung in Preußen.** Von Landgerichtsrat **M. Peltasohn** und Rechtsanwalt **Bruno Peltasohn.** 1903. 3 M.

34. Sammlung der wichtigsten **preußischen Strafgesetze** nebst Anhang: Gesetz betr. polizeiliche Strafverfügungen vom 23. April 1883. Von **Otto Lindemann,** Geheimen Justizrat. 1903. 2 M. 50 Pf.

35. **Geschäftsordnung für Gerichtsvollzieher.** Gerichtsvollzieherordnung und Gebührensätze von Amtsgerichtssekretär **Emil Exner.** 1904. 3 M. 50 Pf.

36. **Polizeiverordnungen in Preußen.** Von **Otto Lindemann,** Geheimen Justizrat. 1904. 1 M. 50 Pf.

37. Gesetz über die **Enteignung von Grundeigentum** vom 11. Juni 1874. Von Oberlandesgerichtsrat **O. Meyer. 2. Aufl.** 1911. 2 M. 25 Pf.

38. **Kreis- und Provinzial-Abgabengesetz.** Vom 23. April 1906. Von **Fr. Schmidt,** Gemeindevorsteher. 1906. 1 M. 25 Pf.

39. Gesetz, betr. die **Unterhaltung der öffentl. Volksschulen.** Von Dr. **A. Marcks,** Reg.-Rat. 1906. 2 M.

40. **Verwaltungsstrafverfahren** bei Zuwiderhandlungen gegen die Zollgesetze und indirekte Reichs- und Landesabgaben,

sowie die Bestimmungen über die Schlacht- und Wildpretsteuer vom 26. Juli 1897. Von Dr. **Richard Katzenstein,** Gerichtsassessor. 1907. 3 M. 60 Pf.

41. Die **preußischen Jagdpolizeigesetze.** Von **Fr. Kunze,** Wirkl. Geh. Oberregierungsrat und **R. Kühnemann,** Rechtsanwalt. **2. Aufl.** 1907. 3 M. 60 Pf.

42. Die Gesetzgebung über die **Allgemeine Landesverwaltung** und über die **Zuständigkeit der Verwaltungs- und Verwaltungsgerichtsbehörden.** Von Rechtsanwalt Dr. **Karl Friedrichs.** 1908. 3 M.

43. Gesetz betr. die **Zulassung einer Verschuldungsgrenze** für land- und forstwirtschaftlich benutzte Grundstücke vom 20. August 1906 nebst Ausführungsvorschriften. Von Dr. jur. **R. Leweck,** Syndikus der Ostpreuß. Landschaft. 1908. 2 M. 40 Pf.

44. **Quellenschutzgesetz** vom 14. Mai 1908 nebst den Ausführungsbestimmungen von **Carl Voelkel,** Geheimer Bergrat. 1909. 1 M.

45. **Rechtsverhältnisse der Juden in Preußen** von Dr. jur. et rer. pol. **Max Kollenscher,** Rechtsanwalt. 1910. 2 M. 40 Pf.

46. **Austritt aus der Landeskirche** vom 14. Mai 1873. Von Gerichtsassessor **Hrch. Chr. Caro.** 1911. 2 M. 40 Pf.

## Guttentag'sche Sammlung von Text-Ausgaben mit Sachregister ohne Anmerkungen.

Taschenformat, elegant in Leinen gebunden.

**Zivilprozeßordnung** mit **Gerichtsverfassungsgesetz** und **Einführungsgesetzen.** Neue Fassung. Mit der Novelle vom 22. Mai 1910. 2 M.

**Konkursordnung** mit **Einführungsgesetz.** 80 Pf.

**Bürgerliches Gesetzbuch** nebst **Einführungsgesetz.** 10. Abdruck. 2 M. 50 Pf.

**Handelsgesetzbuch** nebst **Einführungsgesetz** und **Seerecht.** 8. Abdruck. 1910. 1 M. 80 Pf.

**Reichsversicherungsordnung** von 1911 (Kranken-, Unfall-, Invaliden- und Hinterbliebenenversicherung). ca 2 M. 50 Pf.

**Militärstrafgerichtsordnung** nebst **Einführungsgesetz** u. Gesetzen, betr. Dienstvergehen der richterlichen Militärjustizbeamten und unfreiwillige Versetzung derselben usw. **Militär-Strafgesetzbuch.***) **2. Aufl.** 1 M. 50 Pf.

*) Ist auch einzeln zu haben. Preis 1 M.

**Wechselordnung** in der neuesten Fassung mit Anhang: **Wechselprozeß und Ausführungsanweisung.** 1908. 1 M.

**Die Preußischen Ausführungsgesetze zum Bürgerlichen Gesetzbuche und Nebengesetze. 5. Aufl.** 1 M. 80 Pf.

**Reichsfinanzgesetze** von 1909 einschließlich der **Reichsstempelgesetze** und des **Erbschaftssteuergesetzes.** 1909. 2 M.

**Zuwachssteuergesetz** vom 14. Februar 1911. 80 Pf.

**Ausführungsbestimmungen** zum Zuwachssteuergesetz vom 27. März 1911. 60 Pf.

**Plancks Kommentar zum Bürgerlichen Gesetzbuch.** Herausgegeben in Verbindung mit Dr. **A. Achilles** †, Reichsgerichtsrat, Dr. **F. André**, ord. Prof., **M. Greiff**, Geh. Ober-Justizrat, **F. Ritgen**, Kammergerichtsrat, Dr. **O. Strecker**, Reichsgerichtsrat, Dr. **E. Strohal**, Geh. Hofrat, ord. Prof., Dr. **K. v. Unzner**, Ministerialrat. **3. verm. u. verb. Aufl.** Lex.-8°. 7 Bände. 110 M., geb. in Halbfrz. 124 M. Jeder Band ist auch einzeln käuflich.

**Struckmann-Koch, Zivilprozeßordnung für das Deutsche Reich** nebst den auf den Zivilprozeß bezüglichen Bestimmungen des Gerichtsverfassungsgesetzes und den Einführungsgesetzen. In den neuen Fassungen mit der Novelle von 1910. Kommentar. Herausgegeben unter Mitwirkung von **K. Rasch**, Landgerichtspräsident in Altona, Dr. **P. Koll**, Senatspräsident beim Oberlandesgericht in Cöln, Dr. **Flechtheim**, Rechtsanwalt beim Oberlandesgericht in Cöln. **9., umgearbeitete Auflage.** 1910. Lex.-8°. 24 M., geb. 26 M.

**Staubs Kommentar zum Handelsgesetzbuch. 8. Aufl.** Mit Nachtrag, betr. Börsentermingeschäfte, handelsrechtliche Lieferungsgeschäfte und Differenzgeschäfte. Lex.-8°. 2 Bände brosch. 43 M. 80 Pf., geb. in Halbfranz 48 M.

**Staub-Stranz, Kommentar zur Wechselordnung. 7. Aufl.**, unveränderter Abdruck der sechsten, völlig neubearbeiteten Aufl. 1910. 9 M., geb. 10 M.

**Staubs Kommentar** zum Gesetz betr. die **Gesellschaften mit beschränkter Haftung. 3. Auflage** von Rechtsanwalt Dr. **Max Hachenburg.** 1909. Lex.-8°. 15 M., geb. 16 M. 50 Pf.

**Reichsgesetz, betreffend die Erwerbs- und Wirtschaftsgenossenschaften.** Kommentar zum praktischen Gebrauch für Juristen und Genossenschaften. Herausgegeben von **Ludolf Parisius**

u. Dr. **Hans Crüger. 6., völlig umgearb. Aufl.** von Dr. **Hans Crüger.** 1908. Gr.-8°. 14 M., geb. in ganz Leinen 15 M.

**Das Reichsgesetz, betr. die Gesellschaften mit beschränkter Haftung.** Systematische Darstellung und Kommentar nebst Entwürfen von Gesellschaftsverträgen und praktischer Anleitung für die Registerführung von **Ludolf Parisius** und Dr. **Hans Crüger. 5., vermehrte Auflage,** bearbeitet von Dr. **Hans Crüger.** 1911. Gr.-8°. Preis 11 M., geb. in ganz Leinen 12 M. 50 Pf.

**Pinner, Kommentar** zum Gesetz **gegen den unlauteren Wettbewerb** vom 7. Juni 1909. **2. Aufl.** Herausgegeben von Justizrat **Albert Pinner** und Rechtsanwalt Dr. **Erich Eyck.** 1910. Gr.-8°. 5 M. 50 Pf., geb. 6 M. 50 Pf.

**Deutsches Nahrungsmittelrecht** für Juristen, Mediziner, Chemiker und Gewerbetreibende von Dr. **Georg Lebbin,** Nahrungsmittelchemiker und Dr. **Georg Baum,** Rechtsanwalt. 1907. 8°. Zwei Bände. Erster Teil: **Handbuch des Nahrungsmittelrechts.** Von Dr. **Georg Lebbin** und Dr. **Georg Baum.** Preis geb. 8 M. Zweiter Teil: **Amtliche Untersuchungsmethoden für Chemiker.** Zusammengestellt von Dr. **Georg Lebbin.** Preis geb. 8 M.

**Das Verwaltungsstreitverfahren.** Praktisches Handbuch auf wissenschaftlicher Grundlage bearbeitet von **Fritz Kunze,** Wirkl. Geh. Ober-Regierungsrat. Gr.-8°. 12 M., geb. 13 M.

**Kommentar zum Börsengesetz.** Im Auftrage des Centralverbandes des Deutschen Bank- und Bankiergewerbes bearbeitet von Dr. **H. Rehm,** Dr. **H. Trumpler, Heinrich Dove,** Dr. **Ernst Neukamp,** Dr. **R. Schmidt-Ernsthausen,** Dr. **James Breit.** Mit Vorwort von Dr. **J. Rießer.** 1909. Gr.-8°. 12 M., geb. 13 M.

**Patentgesetz** und Gesetz, betr. den **Schutz von Gebrauchsmustern.** Von Justizrat Dr. **A. Seligsohn. 4., neubearbeitete Auflage.** 1909. Gr.-8°. 12 M., geb. in Leinen 13 M.

**Die Rechtsverhältnisse der öffentlichen Anleihen.** Von Geh. Regierungsrat Dr. **G. S. Freund.** Gr.-8°. 7 M., geb. 8 M.

**Die Preußischen Ausführungsgesetze, Verordnungen und ministeriellen Verfügungen zu dem Bürgerlichen Gesetzbuche** und den Reichs-Justizgesetzen nebst anderen zugehörigen Gesetzen. Von **L. Busch. 2. Aufl.** von Landrichter **O. Eylau.** 8°. Preis geb. 4 M. 50 Pf.

**Preußische Bürgerliche Gesetzsammlung.** Sammlung der noch geltenden Landesgesetze privatrechtlichen Inhalts. Herausgegeben von den Gerichtsassessoren **D. Fischer** und Dr. **F. Schroeder.** 8°. 2 Bände Preis geb. in ganz Leinen 20 M.

Erster Band: **Das Allgemeine Landrecht mit den Einführungs-Patenten.** Preis 6 M.

Zweiter Band: **Gesetze von 1773—1902.** Preis 14 M.

**Preußisches Baupolizeirecht. Mit Kommentar der Baupolizeiverordnung für die Vororte von Berlin. Vom 28. Mai 1907.** Von Gemeindebaurat **Carl Saß.** 8°. Preis 6 M.

**Straßen- und Baufluchtliniengesetz.** Kommentar für den praktischen Gebrauch mit zeichnerischen Darstellungen von Gemeindebaurat **Carl Saß.** 8°. Preis kartonniert 3 M.

**Fluchtliniengesetz.** —Das Gesetz, betreffend die **Anlegung** und **Veränderung** von Straßen und Plätzen in Städten und ländlichen Ortschaften vom 2. Juli 1875 von Friedrichs. **6., völlig neu bearbeitete Auflage.** Von Senatspräsident Dr. jur. **Hugo von Strauß und Torney.** In Vorbereitung.

**Invalidenversicherungsgesetz** vom 13. Juli 1899. Handausgabe mit Anmerkungen herausgegeben von Dr. **Richard Freund,** Vorsitzendem der Landes-Versicherungsanstalt Berlin. **3. Aufl.** geb. 5 M.

**Wie leitet man eine Versammlung?** Geschäftlicher Handweiser für Vorsitzende. Von einem Mitgliede des deutschen Reichstages und des preußischen Abgeordnetenhauses. **2. Aufl.** 1908. kart. 1 M.

**Praktischer Ratgeber für Dienstherrschaften** nach dem Preuß. Gesinderecht unter Berücksichtigung der neueren Entscheidungen bearbeitet von **H. Grieben,** Verwaltungsdirektor a. D. und Bürgermeister. 1908. 1 M.

**Das Recht der Handlungsgehilfen** und Handlungslehrlinge. Von Rechtsanwalt **Hugo Horrwitz. 2. Aufl.** Geb. 3 M.

**Die Registratur.** Von **Hermann Kollrack,** Königl. Polizeisekretär am Berliner Polizeipräsidium. **2. Aufl.** 1906. 8°. Kart. 1 M. 40 Pf.

**Die Pflichten des Waisenrates.** Ein praktischer Leitfaden für Waisenräte und Verwaltungsbeamte. Von **F. Baum,** Geh. Justizrat und Vormundschaftsrichter. **8. vermehrte und verbesserte Auflage.** 1906. 8°. 60 Pf.

**Der Vormund, Gegenvormund, Pfleger und Familienrat.** Nach dem Bürgerlichen Gesetzbuch, dem Reichsgesetz über die Angelegenheiten der freiwilligen Gerichtsbarkeit und dem Ausführungsgesetz zum BGB. Ein praktischer Leitfaden. Von **F. Baum,** Geh. Justizrat und Vormundschaftsrichter. 1899. 8°. 50 Pf.

# Schlagwort-Register.

R. = Nummer der Sammlung Deutscher **Reichs**gesetze.
P. = Nummer der Sammlung **Preußischer** Gesetze.
S. = Seite.

Schlagwort-Register. (R. = Reichsgesetz, P. = preuß. Gesetz.)

Schlagwort-Register. (R. = Reichsgesetz, P. = preuß. Gesetz.)

Kolibri 360 GmbH
Ferdinand-Jühlke-Straße 7
99095 Erfurt, Deutschland
produktsicherheit@kolibri360.de